ब्रह्मसमाज पारिवारिक एवं सामाजिक परिवेश के कारण रवीन्द्रनाथ ठाकुर प्रारम्भ से ही कबीरदास की वाणियों से परिचित थे। क्षितिमोहन सेन के शान्तिनिकेतन में योगदान (1908 ई.) के बाद यह परिचय और घनिष्ठ हुआ। आचार्य सेन सन्त साहित्य के अध्येता थे। गुरुदेव रवीन्द्रनाथ की प्रेरणा और आग्रह से उन्होंने कबीर के पदों का एक संग्रह तैयार किया जो बांग्ला अनुवाद सहित चार खण्डों में (1910-11 ई.) प्रकाशित हुआ, जिसमें 341 पद थे। शान्तिनिकेतन के एक और अध्यापक अजित कुमार चक्रवर्ती के सहयोग से रवीन्द्रनाथ ने कबीर के एक सौ से अधिक पदों का अंग्रेज़ी रूपान्तरण किया और उसे *One Hundred Poems of Kabir* के रूप में इंडिया सोसायटी, लन्दन से (1914 ई.) प्रकाशित कराया। इसकी भूमिका मिस्टिसिज़्म की सुप्रसिद्ध विदुषी इवलिन अंडरहिल ने लिखी, जिसमें उन्होंने कबीरदास को विश्व के चुनिन्दा मिस्टिक (रहस्यवादी) कवियों की श्रेणी में स्थान दिया। विश्व की कई भाषाओं में इस पुस्तक का अनुवाद हुआ।

प्रस्तुत ग्रन्थ में *कबीर* के रवीन्द्रनाथ कृत अंग्रेज़ी अनुवाद सहित मूलपाठ और उनका हिन्दी अनुवाद प्रस्तुत किया जा रहा है। अंडरहिल की भूमिका (Introduction) और सम्पादक के 'प्राक्कथन' में कबीर-विमर्श के कई बिन्दु उभरकर सामने आये हैं। परिशिष्ट के अन्तर्गत अजित कुमार और रवीन्द्रनाथ द्वारा प्रस्तुत कुछ (कुल 13) ऐसे अनुवाद दिये जा रहे हैं जो *One Hundred Poems of Kabir* में नहीं हैं।

कबीर के सौ पद

रवीन्द्रनाथ ठाकुर

सम्पादक

रामेश्वर मिश्र

वाणी प्रकाशन

प्रकाशन के उत्कृष्टतम 61 वर्ष

vaniprakashan.com

पेपरबैक पहला संस्करण : 2024

वाणी प्रकाशन

4695, 21-ए, दरियागंज, नयी दिल्ली-110 002

फ़ोन : +91 11 23273167, 23275710

शाखाएँ

अशोक राजपथ, पटना-800 004, बिहार

कॉफ़ी हाउस कैम्पस, महात्मा गांधी मार्ग, प्रयागराज-211 001, उत्तर प्रदेश

महात्मा गांधी अन्तरराष्ट्रीय हिन्दी विश्वविद्यालय, वर्धा-442 001, महाराष्ट्र

36/ए, शेक्सपियर सरणी, रानी बिरला गर्ल्स कॉलेज के पास, कोलकाता-700 017, प. बंगाल

sales@vaniprakashan.in
vaniprakashan@gmail.com

Kabir Ke Sau Pad
by Rabindranath Thakur
Edited by Rameshwar Mishra

ISBN : 978-93-5775-573-3
Poetry Collection

मूल्य : ₹ 495

जी.एस. ऑफ़सेट, दिल्ली-110 095 में मुद्रित

वाणी प्रकाशन का लोगो मक़बूल फ़िदा हुसेन की कूची से

अनुक्रम

प्राक्कथन

रामेश्वर मिश्र

रवीन्द्रनाथ ने कबीर के एक सौ पदों का अंग्रेजी अनुवाद प्रकाशित कराया। यह इवलिन अंडरहिल की भूमिका सहित 'वन हंड्रेड पोयम्स ऑव कबीर' के नाम से इण्डिया सोसायटी, लंदन से फरवरी 1914 ई. में प्रकाशित हुआ। अंग्रेजी गीतांजलि के प्रकाशन (नवम्बर, 1912 ई.) के पश्चात् रवीन्द्रनाथ जहाँ एक ओर विश्वसमाज के समक्ष महत्त्वपूर्ण हो उठे तो दूसरी ओर उनके व्यक्तित्व का प्रचार एक सीमाबद्ध रूप में ही हुआ। 'गीतांजलि' रवीन्द्र के केवल अध्यात्मपक्ष को ही व्यक्त करती है, उनका कविरूप वहाँ सम्पूर्ण रूप से व्यक्त नहीं हुआ। दूसरी बात यह है कि कुछ क्षेत्रों में 'गीतांजलि' पर पाश्चात्य प्रभाव की भी चर्चा की जाने लगी। इन सबकी अनुभूति रवीन्द्रनाथ को भी हुई। लगता है कि इसके निराकरण की तैयारी रवीन्द्रनाथ ने सुनियोजित तथा बड़े प्रतीकात्मक ढंग से की। 'गार्डनर' और 'द क्रेसेंट मून' के प्रकाशन से पाश्चात्य समाज रवीन्द्र के कविरूप से भी परिचित हुआ। 'गार्डनर' का प्रकाशन अक्टूबर 1913 ई. में हुआ। रवीन्द्रनाथ ने इसे कवि डब्ल्यू. वी. येट्स को समर्पित किया। इस प्रकार 'गीतांजलि' की भाँति 'गार्डनर' के साथ भी कवि येट्स का नाम जुड़ा। 'गीतांजलि' की भूमिका येट्स ने ही लिखी थी। 'द क्रेसेंट मून' का प्रकाशन नवम्बर 1913 ई. में हुआ और रवोन्द्रनाथ ने इसे स्टार्ज मूर को समर्पित किया। जिस प्रकार 'गार्डनर' और 'द क्रेसेन्ट मून' रवीन्द्र के कविरूप की ओर संकेत करते हैं उसी प्रकार 'साधना' (1912–1913) से (अमेरिका और इंग्लैंड में दिए गए भाषणों का संकलन) और 'वन हंड्रेड पोयम्स ऑव कबीर' से उनके भारतीय चिन्तन पक्ष–उपनिषद् और

मध्ययुगीन सन्तों की वाणियों की ओर संकेत मिलता है। 'गार्डनर' और 'द क्रेसेन्ट मून' का प्रकाशन 1913 ई. में हुआ तो 'साधना' और 'वन हंड्रेड पोयम्स ऑव कबीर' का 1914 ई. में। 'साधना' अर्नेस्ट राइस को समर्पित की गई है तो 'वन हंड्रेड पोयम्स ऑव कबीर' के साथ मिस्टिसिज्म की सुप्रसिद्ध विदुषी इवलिन अंडरहिल का नाम जुड़ा है। इस प्रकार हम देखते हैं कि रवीन्द्र के इन पाँचों प्रसिद्ध समकालीन अंग्रेजी ग्रन्थों– गीतांजलि (1912), गार्डनर (1913), द क्रेसेन्ट मून (1913), साधना (1914) और वन हंड्रेड पोएम्स ऑव कबीर (1914) के साथ किसी न किसी पाश्चात्य विद्वान का नाम जुड़ा है और रवीन्द्रनाथ ने इन्हें एक योजनाबद्ध रूप में प्रस्तुत किया है। यह योजना थी पाश्चात्य जगत के सम्मुख भारत के चिन्तन और उसकी साधना परम्परा का वास्तविक स्वरूप उद्‌घाटित करना। और इसमें उन्हें सफलता मिली। रवीन्द्रमानस में इसकी शुरुआत 1901 में शान्तिनिकेतन के ब्रह्मचर्याश्रम की स्थापना से ही हो जाती है। तब से ही उनके मानस में 'गीतांजलि' की भावभूमि तैयार हो रही थी, 1908 में आचार्य क्षितिमोहन सेन के शान्तिनिकेतन आगमन के साथ कबीर विषयक चिन्तन भी शुरू हो जाता है। बांग्ला 'गीतांजलि' का प्रकाशन होता है 1910 में और क्षितिमोहन सेन के 'कबीर' के पहले खण्ड का 1911 में।

शान्तिनिकेतन के ब्रह्मचर्याश्रम में अंग्रेजी के अध्यापक अजितकुमार चक्रवर्ती ने सर्वप्रथम रवीन्द्र पर कथित पाश्चात्य प्रभाव का विरोध किया तथा सन्त–चिन्तन और रवीन्द्र–चिन्तन के साम्य का निर्देश किया। यद्यपि इस साम्यनिर्देश के नेपथ्य में आचार्य क्षितिमोहन सेन ही हैं। रवीन्द्रनाथ की अंग्रेजी गीतांजलि का प्रकाशन नवम्बर 1912 ई. में हुआ। पाश्चात्य जगत् में इसी के कारण रवीन्द्रनाथ को बहुत अधिक ख्याति मिली और नवम्बर 1913 ई. में उनके पक्ष में साहित्य के नोबेल पुरस्कार की घोषणा की गयी। नोबेल पुरस्कार की घोषणा के पश्चात् देश तथा विदेश में उनकी ख्याति में और वृद्धि हुई। रवीन्द्रनाथ को गीतांजलि के लिये नोबेल पुरस्कार मिला और चूँकि गीतांजलि में अध्यात्म का पुट अधिक है इसलिये विद्वान् रवीन्द्रकाव्य के अध्यात्म का मूल्यांकन करने की दिशा में अग्रसर हुए। रवीन्द्रनाथ की अध्यात्म–भावना पर किस अध्यात्म, भक्ति या दर्शन–सम्प्रदाय का प्रभाव है! वह भारतीय है या उस पर पाश्चात्य

प्रभाव है, इस सम्बन्ध में विवाद उठ खड़ा हुआ। कुछ पाश्चात्य विद्व ानों ने 'गीतांजलि' पर ईसाई भक्ति–संगीत का प्रभाव बताया तो कुछ विद्वानों ने रवीन्द्रनाथ को भारतीय परम्परा में रखकर उन पर उपनिषद्, वैष्णव, बाउल, सन्त आदि का प्रभाव बताया। यहाँ रवीन्द्र पर कथित विभिन्न प्रभावों की चर्चा कर लेना अप्रासंगिक नहीं होगा।

कुछ पाश्चात्य विचारकों की दृष्टि में रवीन्द्रनाथ और उनकी 'गीतांजलि' पर ईसाई–विचारों का प्रभाव है। 'बैपटिस्ट टाइम्स' (2 फरवरी, 1914 ई.) ने 'गीतांजलि' को देखकर ईसाई भारत की कल्पना की। वह कहता है– "द क्रिश्चियन इंडिया इज ऑलरेडी एट द डोर"[1]। ऐसे विचारकों की दृष्टि में रवीन्द्रनाथ ने पाश्चात्य विचारों को ही पूर्वी जामा पहनाया और यदि पश्चिम के प्रति वे अपना आभार नहीं प्रकट करते तो 'स्पेक्टेटर' (14 फरवरी, 1914 ई.) के समालोचक के शब्दों में यह 'स्थानीय देशभक्ति', 'कृतघ्नता' और 'पाखण्ड' का उदाहरण है। समालोचक कहता है– "हम देखते हैं कि श्री टैगोर ने यूरोप से उधार लिये हुए नीतिशास्त्र की शिक्षा में अपनी असाधारण साहित्यिक प्रतिभा का इस प्रकार प्रयोग किया है, मानों वह नीतिशास्त्र भारत की अपनी ही विशिष्ट चीज है।"[2] इस सम्बन्ध में के.जे. सॉण्डर्स ने कहा है "गीतांजलि का ईश्वर हिन्दू–दर्शन की अवैयक्तिक, निर्विकार परम सत्ता नहीं है, किन्तु, चाहे वह स्पष्ट रूप से ईसाई–मत–सम्मत ईश्वर हो अथवा नहीं, वह तत्त्वतः ईसाई–मत के ईश्वर के समान अवश्य है, और उस ईश्वर के भक्त तथा प्रेमी का अनुभव सारे ईसाई लोगों के आस्थावान् हृदयों के आन्तरिक अनुभव से अभिन्न है।"[3] इस सम्बन्ध में डॉ. डब्ल्यू. एस. अर्कुहर्ट का कहना है– "उन्होंने पाश्चात्य विचारों के लिये अपने मन के पट खोल दिये और ईसाई धर्म से उन्होंने बहुत कुछ लिया है, विशेषकर ऐसे विचार जिनका प्रभाव गहरा पड़ा है, किन्तु जिन्हें हमेशा स्वीकार नहीं किया गया है। इन विचारों को उन्होंने पूर्वी जामा पहनाया है, जिसके कारण इन विचारों का वास्तविक उद्गम स्वयं उनकी आँखों और उनके पाठकों की आँखों से ओझल रहा है। आधुनिक भारत के बहुत से विचारकों के विचारों की तरह रवीन्द्रनाथ के विचारों का उद्गम प्रायः अनुचित रूप से भारतीय मान लिया गया है।"[4]

डॉ. राधाकृष्णन ने 'फिलॉसफी ऑव रवीन्द्रनाथ टैगोर' (प्रकाशित 1998 ई.) में ऐसे मतों की विस्तृत चर्चा एवं समीक्षा की है। उन्होंने वेद, उपनिषद् और कबीर आदि का साक्ष्य देकर प्रमाणित किया है कि रवीन्द्र के विचार भारतीय चिंताधारा के अन्तर्गत हैं। उन्हें पाश्चात्य कहना मूर्खतापूर्ण है।

पाश्चात्य विचारक रवीन्द्र के अध्यात्म–गीत को सुनकर, पढ़कर मुग्ध हुए, कुछ ने उस पर ईसाई भक्ति–संगीत का प्रभाव बताया तथा कुछ ऐसे भी विद्वान् हुए जिन्होंने रवीन्द्र की अध्यात्म–भावना का सर्वत्र ईसाई मत, विशेषकर उसके पापबोध से मेल न देखकर कुण्ठित हुए। वस्तुतः इस प्रकार की विभ्रान्ति रवीन्द्र और उनकी गीतांजलि को पाश्चात्य विचारधारा के मध्य रखकर देखने पर ही फैली। अजितकुमार चक्रवर्ती ने इस सम्बन्ध में रवीन्द्र की नोबेलख्याति के पूर्व ही 'प्रवासी' (1319, अगहन, बंगाब्द, 1912 ई.) पत्रिका में 'धर्मसंगीत' शीर्षक एक लेख लिखा। रवीन्द्रनाथ उस समय इंग्लैंड में ही थे और अँग्रेजी गीतांजलि का प्रकाशन उस समय नहीं हुआ था। किन्तु इंग्लैंड का साहित्यिक समाज कवि येट्स के प्रयत्न से गीतांजलि के अँग्रेजी अनुवाद से परिचित हो चुका था। अजितकुमार चक्रवर्ती ने अपने लेख में बताया कि पाश्चात्य विचारकों का भारतीय साहित्य की परम्परा से पूर्ण परिचय न होना ही इस विभ्रान्ति का कारण है। वे लिखते है "कवि येट्स ही क्यों, योरप के किसी भी भावुक ने आज तक भारतवर्ष की अध्यात्म–साधना के मध्य इस 'मधु'[5] के उत्स का संवाद नहीं पाया। सम्प्रति रवीन्द्रनाथ के संगीत को पाकर वे मुग्ध हो गये हैं और एक नूतन तारे के आविष्कार में जो आनन्द होता है उसी प्रकार के आनन्द में वे मत्त हो उठे हैं। किन्तु जो माणिक उनके हाथ में पहुँचा है वह एक–आध नहीं है, भारतवर्ष के भावसमुद्र की गहराई में युग–युगान्तर से इस प्रकार के कितने माणिक संचित हैं इसकी सूचना जब संसार को प्राप्त होगी उस दिन विश्वसाहित्य–संगीत में एक नूतन सुर का आविर्भाव होगा।"[6] श्री चक्रवर्ती ने इस सन्दर्भ में वैदिक ऋषि, औपनिषद् ऋषि एवं कबीर, दादू आदि का उल्लेख किया है।

गीतांजलि और नोबेल पुरस्कार के पश्चात् रवीन्द्र के 'वन हण्ड्रेड पोयम्स ऑव कबीर' (इण्डिया सोसायटी, लन्दन, 1914 ई.) के प्रकाशन के कारण कुछ क्षेत्र में विशेषकर हिन्दी–जगत् में यह धारणा दृढ़ हो

चली कि गीतांजलि की रचनाओं पर कबीर का प्रभाव है। लोगों की यह धारणा बद्धमूल हो चली कि गीतांजलि कबीरप्रभाव, पाश्चात्य शैली और रवीन्द्र प्रतिभा का मिश्रण है। श्यामसुन्दर दास का निम्न कथन इस प्रकार की मनोवृत्ति का अच्छा उदाहरण है– "सभी सन्त–कवियों के काव्य में थोड़ा–बहुत रहस्यवाद मिलता है। पर उनका काव्य विशेषकर कबीर का ही ऋणी है। बंगला के वर्तमान कवींद्र को भी कबीर का ऋण स्वीकार करना पड़ेगा। अपने रहस्यवाद का बीज उन्होंने कबीर ही में पाया। परन्तु उनमें पाश्चात्य भड़कीली पालिश भी है। भारतीय रहस्यवाद को उन्होंने पाश्चात्य ढंग से सजाया है। इसीसे यूरोप में उनकी इतनी प्रतिष्ठा हुई है।"[7] पुरोहित हरिनारायण शर्मा का भी विचार है कि गीतांजलि रवीन्द्र के कबीर–अध्ययन का ही परिणाम है। सुन्दर–ग्रन्थावली की भूमिका में वे लिखते हैं– "कबीर की कविता ने महामना रवीन्द्र को कवि–सम्राट् की पदवी दी।"[8] ध्यान देने की बात यह है कि सुन्दर–ग्रन्थावली जिसमें पुरोहित हरिनारायण शर्मा के उपर्युक्त कथन हैं, का प्राक्कथन रवीन्द्रनाथ ने ही लिखा है। इस सम्बन्ध में क्षितिमोहन सेन के विचारों को जान लेना आवश्यक है। उन्हीं के माध्यम से सन्तसाहित्य से रवीन्द्रनाथ का घनिष्ठ परिचय हुआ। उन्होंने चार खण्डों में 'कबीर' (प्रथम खण्ड 1910 ई.) तथा 'दादू' (1935 ई.) बांग्ला अनुवाद सहित प्रकाशित कराये। रवीन्द्रनाथ की मृत्यु के पश्चात् 'विशालभारत' के सम्पादक ने रवीन्द्र विशेषांक के लिए क्षितिमोहन सेन से सन्त–साहित्य और रवीन्द्र विषयक लेख का आग्रह किया। आचार्य सेन ने 'सार्वभौम रवीन्द्रनाथ' शीर्षक लेख भेजा। अपने लेख में उन्होंने लिखा– "आप लोगों ने मुझे रवीन्द्रनाथ और मध्ययुगीन सन्तों की वाणी के विषय में लिखने का आदेश दिया है। किन्तु इस विषय पर मैं अभी कुछ कह न पाऊँगा। उसे लेकर विश्वभारती के अन्तर्गत मेरा अन्वेषण (रिसर्च) कार्य चल रहा है, इसलिए वह सब इस समय प्रकाश नहीं किया जा सकता, और इस विषय पर सहसा मोटे तौर पर से कुछ कहने में विपद् भी है– लोग सहज ही उसे गलत भी समझ सकते हैं। रवीन्द्रनाथ सन्तों के साहित्य से कतई परिचित नहीं थे। मैंने जिस समय सन्त–साहित्य से उन्हें कभी–कभी परिचित कराना शुरू किया, उस समय उनका गीतांजलि का युग समाप्त हो रहा था। उन्होंने अपने महत्त्व और

सार्वभौमिक दृष्टि से सन्त–साहित्य के अनेक गम्भीर एवं निगूढ़ रहस्यों को उद्घाटित कर दिया। शायद मैंने ही पहले इन मध्ययुगीन सन्तों के साथ रवीन्द्रनाथ के साम्य की बात कही थी, किन्तु जब इसके बाद सुना कि सबों ने इसे लेकर रवीन्द्रनाथ को कबीर प्रभृति के निकट ऋणी कहना शुरू कर दिया है, तब मैं विस्मय से अवाक् हो रहा। कारण, सन्त साहित्य के साथ उनका यत्सामान्य परिचय मेरे ही द्वारा हुआ था और मैं जानता हूँ कि इस परिचय के पूर्व ही उन्होंने अपनी वे रचनाएँ लिख डाली थीं।"[9]

आचार्य सेन के इस वक्तव्य से दो महत्त्वपूर्ण तथ्य हमारे सामने आते हैं। एक तो यह कि रवीन्द्रनाथ की मृत्यु के पश्चात् आचार्य सेन सन्त साहित्य और रवीन्द्र के सम्बन्ध में अन्वेषण–कार्य की ओर प्रवृत्त हुए थे। उनके अन्वेषण–कार्य की दिशा क्या थी और इस कार्य में कितनी प्रगति हुई इस सम्बन्ध में कुछ ज्ञात नहीं हो सका। दूसरा तथ्य यह है कि आचार्य सेन के द्वारा सन्त–साहित्य से जब रवीन्द्रनाथ का परिचय हुआ उसके पूर्व आचार्य सेन के कथनानुसार वे गीतांजलि की रचनाएँ लगभग समाप्त कर चुके थे। आश्रम में भी सन्त साहित्य से रवीन्द्रनाथ के साम्य की चर्चा चली थी। इस साम्य को देखकर एक बार परिहास करते हुए रवीन्द्रनाथ ने सन्तों के सम्बन्ध में कहा था–"देखता हूँ कई शताब्दी पूर्व ये मेरी रचनाओं से चोरी करके रख गये हैं"।[10]

रवीन्द्र–साहित्य और सन्त–साहित्य के साम्य की चर्चा सर्वप्रथम क्षितिमोहन सेन ने शान्तिनिकेतन के आश्रम में की थी किन्तु प्रकाशित रूप में सबसे पहले इसकी चर्चा अजितकुमार चक्रवर्ती ने की, किन्तु यह भी सत्य है कि इसकी जानकारी उन्हें आचार्य सेन के द्वारा ही हुई। अजितकुमार चक्रवर्ती ने बहुत दिनों तक गुरुदेव के साथ आश्रम में रहकर अध्यापन कार्य किया। बंगाल में रवीन्द्र–साहित्य के विरोध में जो चर्चा चलती थी उसका सशक्त प्रतिवाद करनेवालों में श्री चक्रवर्ती का नाम अग्रगण्य रहेगा। अंग्रेजी गीतांजलि के प्रकाशन के पूर्व इंग्लैंड में उसका कुछ प्रचार श्री चक्रवर्ती के माध्यम से ही हुआ। गीतांजलि की रचनाओं पर पाश्चात्य प्रभाव का विरोध श्री चक्रवर्ती ने अपने 'धर्मसंगीत' शीर्षक लेख में किया। अभी इसकी चर्चा हुई। उन्होंने अपने लेख में बताया कि रवीन्द्र के धर्मसंगीत के अध्यात्म का स्रोत भारतीय अध्यात्म–भावना और

साहित्य ही है, पाश्चात्य नहीं। इस प्रसंग में उन्होंने औपनिषद् ऋषि तथा कबीर, दादू, नानक आदि सन्तों की चर्चा की। वे लिखते हैं–"मेक्लिफ साहब ने अपने सिख धर्म नामक ग्रन्थ में गुरु नानक के जिन भजनों का संग्रह कर अँग्रेजी में अनुवाद किया है एवं क्षितिमोहन बाबू ने वेस्टकॉट प्रभृति पर निर्भर न रहकर मूल कबीर वाणी का उद्धार कर उसका जो बांग्ला अनुवाद प्रस्तुत किया है उसे पढ़ने से यह बात स्पष्ट हो उठती है कि रवीन्द्रनाथ के धर्मसंगीत का इन धर्मवाक्यों से भाव और रस की दृष्टि से ही नहीं, उपमा–अलंकार की दृष्टि से भी सादृश्य है।"[11] ईसाई धर्मसंगीत के साथ रवीन्द्र के धर्मसंगीत की संगति बैठाने का प्रयास करनेवालों ने उसमें पापबोध को अनुपस्थित पाया जिससे उनके विश्वास को धक्का लगा। अजितकुमार चक्रवर्ती ने अपने लेख में बताया कि भारतीय साधना–परम्परा में पापबोध साधना का मूल अंग नहीं है। वे कहते हैं– "कबीर, नानक आदि भक्तों के गीत पापबोध से आक्रान्त नहीं हैं। मेरे ही भीतर सम्पूर्ण विश्व परिपूर्ण हो उठा है, मेरे ही जीवन के मध्य समस्त विश्वसौन्दर्य अबाध रूप से स्फुटित हो रहा है– उनके गीत इसी आनन्दसुर से बँधे हुए हैं–या घट भीतर चन्द्र सूर हैं याही नें नौलख तारा– मेरे भीतर चन्द्रसूर्य हैं, मेरे ही भीतर नौ लाख तारे प्रकाशित हैं–कबीर। आजि यत तारा तव आकाशे, सबे मोर प्राण भरि प्रकाशे–रवीन्द्रनाथ।"[12]

इसी प्रकार 'वन हंड्रेड पोयम्स ऑव कबीर' की मूल योजना भी इन्हीं दोनों मनीषियों की है। क्षितिमोहन सेन यहाँ भी नेपथ्य में हैं। वस्तुतः 'वन हंड्रेड पोयम्स ऑव कबीर' का मूल कार्य अजितकुमार चक्रवर्ती का ही है। उन्होंने क्षितिमोहन सेन द्वारा प्रकाशित 'कबीर' के शताधिक पदों का संकलन कर उनका अंग्रेजी में अनुवाद किया था। रवीन्द्रनाथ ने उन्हें संशोधित कर इवलिन अंडरहिल के पास 'नूमिका' के लिए भेजा। अंडरहिल ने भी 'वन इंड्रेड पोयम्स ऑव कबीर' की 'भूमिका' में अजितकुमार चक्रवर्ती के अनुवाद का विशेष रूप से उल्लेख किया है। उन्होंने चक्रवर्ती द्वारा लिखित कबीर विषयक एक निबंध का भी उल्लेख किया है। जिसकी सहायता उन्होंने 'भूमिका' के लिए ली थी। अजितकुमार चक्रवर्ती द्वारा लिखित कबीर सम्बन्धी लेख के सम्बन्ध में और कुछ नहीं ज्ञात हो सका, किन्तु उनके द्वारा अनूदित कबीर–वाणियों की पाण्डुलिपि

को देखने का सुयोग मिला। यह विश्वभारती के रवीन्द्रभवन संग्रहालय में संरक्षित है। इस पाण्डुलिपि में कुल छप्पन पृष्ठ हैं तथा कुल अनूदित पद हैं एक सौ चौदह। पाण्डुलिपि के पहले पृष्ठ पर लिखा है 'ट्रान्सलेशन्स फ्रॉम कबीर बाइ अजितकुमार चक्रवर्ती'। मजे की बात यह है कि यह पाण्डुलिपि भी श्री चक्रवर्ती के हस्तलेख में नहीं है। रवीन्द्रभवन के विशेषज्ञ अधिकारियों का मत है कि यह पाण्डुलिपि डब्ल्यू. बी. पियर्सन के हस्तलेख में हैं। पाण्डुलिपि में पीछे की ओर ढाई पृष्ठों पर रवीन्द्रनाथ के हस्तलेख में कबीर–वाणियों के अनुवाद हैं। यह पेंसिल के द्वारा लिखा हुआ है। पाण्डुलिपि के अन्तिम दो पन्ने फाड़ लिये गये हैं। पन्नों के जो अवशेष हैं उन्हें देख कर लगता है कि उन पर भी रवीन्द्रनाथ द्वारा किये गये अनुवाद थे। रवीन्द्रनाथ ने इस पाण्डुलिपि पर ही पियर्सन द्वारा लिखित श्री चक्रवर्ती के अनुवादों का संशोधन किया है। पियर्सन के हस्तलेख काली स्याही से मोटे अक्षरों में हैं तथा रवीन्द्रकृत संशोधन पेंसिल द्वारा। श्री चक्रवर्ती के अनुवादों में रवीन्द्रनाथ द्वारा इतना परिवर्तन हो चुका है कि सचमुच वे अब उनके नहीं रह गये हैं। कुछ ऐसे पद भी हैं जिनमें संशोधन की आवश्यकता नहीं पड़ी है या जिनमें नाममात्र का संशोधन किया गया है। रवीन्द्रनाथ द्वारा संशोधन के पश्चात् छपने से पहले इन अनुवादों को एक और व्यक्ति की निगाह से गुजरना पड़ा है। वे हैं प्रोफेसर जे. एफ. ब्लम्हार्ट। 'वन हंड्रेड पोयम्स ऑव कबीर' में उनका ऋण स्वीकार किया गया है– "फार सम एसिस्टेंस इन नॉर्मलाइजिंग द ट्रांसलेशन वी आर इंडेब्टेड टू प्रोफेसर जे.एफ. ब्लम्हार्ट।"

(2)

इवलिन अंडरहिल और ब्लम्हार्ट के पहले इस कार्य में एक और व्यक्ति से सहयोग की प्रार्थना की गयी थी, किन्तु उनसे सकारात्मक उत्तर नहीं मिला। वे थे अमरीका के प्रसिद्ध कवि–समीक्षक एज़रा पाउण्ड। गीतांजलि के कारण एज़रा पाउण्ड रवीन्द्र के प्रशंसकों में थे, किन्तु बाद में वे रवीन्द्र से विमुख हो गये। जनवरी 1913 ई. में रवीन्द्रनाथ ने उनको एक पत्र में लिखा "डियर मिस्टर एज़रा पाउण्ड, आइ सेंड यू द रिसेंट ट्रांसलेशन दैट आई मेड हियर। आई एम नॉट एट ऑल स्ट्रांग इन माइ इंगलिश ग्रामर–प्लीज डू नॉट हेजीटेट टू मेक करेक्संस व्हेन

नेसेसरी...[13] एज़रा पाउण्ड इसके लिए तैयार नहीं हुए। इसके दो कारण थे, एक तो वे अनुवाद उन्हें जँचे नहीं और दूसरे उस समय वे स्वयं कबीर की वाणियों का अंग्रेजी अनुवाद करने में लगे थे। उन्होंने 22 अप्रैल, 1913 ई. को 'पोयट्री' के संपादक हेरियट मुनरो को लिखा "डीयर एच एम, गॉड नोज आइ डीड नॉट आस्क फॉर द जॉब ऑव करेक्टिंग टैगोर। ही वाज आस्क्ड बाई मी टू–ऑलसो इट विल बी वेरी डिफिकल्ट फॉर हिज डीफेंडर्स इन लंडन इफ टेक्स टू प्रिंटिंग एनीथिंग एक्सेप्ट हिज बेस्ट वर्क। ...इन हिज ओरिजिनल बेंगाली इट हैज द नॉवल्टी ऑव राइम एण्ड रीद्म एण्ड ऑव एक्सप्रेशन बट इन ए प्रोज ट्रांसलेशन इट इज जस्ट 'मेयर थियोसोफी'। ऑफ कोर्स इफ ही वान्ट्स टू सेट ए लोवर लेवल देन दैट ह्विच आइ एम ट्राइंग टू सेट इन माइ ट्रांसलेशंस ऑव कबीर, आई कांट हेल्प इट। इट इज हिज ओन एफेयर्स।"[14]

एज़रा पाउंड कबीर–वाणी के अनुवाद में लगे हैं, इसका पता रवीन्द्र को था या नहीं, इस सम्बन्ध में निश्चित रूप से कुछ कहा नहीं जा सकता। किन्तु इतना अवश्य कहा जा सकता है कि पाउंड जिस व्यक्ति की सहायता से कबीर–वाणी का अनुवाद कर रहे थे वे रवीन्द्रनाथ के बहुत नजदीकी थे। वे थे कालीमोहन घोष। कालीमोहन घोष शान्तिनिकेतन के शिक्षक थे और अध्ययन के सिलसिले में इंग्लैंड गये थे। बाद में श्रीनिकेतन के निर्माण में ये रवीन्द्रनाथ के लिए बहुत उपयोगी सिद्ध हुए। एज़रा पाउण्ड ने इनकी सहायता से क्षितिमोहन सेन द्वारा संकलित 'कबीर' के कुछ पदों का अंग्रेजी अनुवाद किया और दस पदों के अनुवाद को 'माडर्न रिव्यू' जून, 1913 ई. में प्रकाशित कराया।

रवीन्द्रनाथ के कबीर–अनुवाद के माध्यम बने अजितकुमार चक्रवर्ती और एज़रा पाउंड के कबीर–अनुवाद के माध्यम बने कालीमोहन घोष और इन दोनों ने क्षितिमोहन सेन द्वारा संकलित 'कबीर' का आश्रय लिया। आचार्य सेन ने ब्रह्मचर्याश्रम, बोलपुर (शान्तिनिकेतन) से चार खण्डों में 'कबीर' प्रकाशित कराया था। इनमें बांग्ला लिपि में कबीर की वाणियों के साथ उनका बांग्ला अर्थ दिया हुआ है। इसका प्रथम खण्ड 1910 ई. (1 आश्विन, 1317 बंगाब्द) में प्रकाशित हुआ था। चार खण्डों में कुल मिला कर 341 पद (पुनरावृति सहित 342 पद) हैं। 'वन हंड्रेड पोयम्स

ऑव कबीर' में जिन पदों के अनुवाद हैं वे प्रथम तीन खण्डों में हैं। आचार्य सेन ने विभिन्न स्रोतों के आधार पर अपना संकलन तैयार किया। इसमें प्रामाणिकता–अप्रामाणिकता का ध्यान नहीं रखा गया। वस्तुतः इस समय तक प्रकाशित कबीर सम्बन्धी किसी भी ग्रन्थ में इसका ध्यान नहीं रखा गया था। अतः आचार्य सेन पर ही इस प्रकार का आरोप करना व्यर्थ है कि उनके द्वारा संकलित कबीर की रचनाओं की भाषा अपेक्षाकृत परिष्कृत है। कबीर की रचनाओं का अपेक्षाकृत जो प्रथम प्रामाणिक संग्रह माना जाता है वह है श्यामसुन्दर दास का संकलन 'कबीर ग्रन्थावली' जो नागरी प्रचारिणी सभा से 1928 ई. में प्रकाशित हुई। इसके पहले तक 'बीजक' और गुरु ग्रन्थ साहब में संकलित कबीर की रचनाओं को ही अपेक्षाकृत प्रामाणिक माना जाता था। 'कबीर' तैयार करते समय आचार्य सेन के पास बीजक भी था, लेकिन उन्होंने केवल उसका ही आश्रय नहीं लिया। आचार्य सेन ने अपने संकलन के लिए उस समय तक प्रकाशित विभिन्न ग्रन्थों के अतिरिक्त विभिन्न संगीत–ग्रन्थों एवं हस्तलिखित पोथियों का आश्रय लिया, जिनका उल्लेख उन्होंने 'कबीर' की 'भूमिका' में किया है। संगीतग्रन्थों एवं हस्तलिखित पोथियों के लिए उन्हें जिन महानुभावों से विशेष सहायता मिली उनमें काशी के आदिकेशववासी दक्षिण बाबा, गैबी के झूलन बाबा, छछुआ ताल के निर्भय दास, चौकंडी के दीनदेव और अंध साधु सूरश्यामदास का नाम उल्लेखनीय है। आचार्य सेन को जिन पुस्तकों से सहायता मिली उसकी भी एक सूची उन्होंने दी है जो इस प्रकार है– 1. बीजकमूल–खेमराज कृष्णदास, बम्बई, 2. बीजक कबीर साहब का– पूर्णदास साहब, बुरहानपुर, 3. कबीर शब्दावली, दो भाग, इलाहाबाद, 4. कबीर सागर, ग्यारह भाग–भारत पथिक स्वामी युगलानन्द, बम्बई, 5. सत्य कबीर की साखी–शिवहर, रशीदपुर, 6. कबीर मंशूर–स्वामी प्रेमानन्दजी तथा मकनजी कुबेर, बम्बई, 7. परमार्थ राजनीति धर्म–साधु काशीदास, बम्बई, 8. पंचग्रन्थी–महात्मा रामरहस साहब कृत, 9. संज्ञापाठ–महात्मा पूरण साहब कृत, 10. कबीरोपासना पद्धति–मकनजी कुबेर, 11. कबीर कसौटी–लहना सिंह, पटियाला, 12. कबीरवाणी–महाराज विश्वनाथ सिंह, रीवाँ, बुन्देलखण्ड। वस्तुतः 'कबीर' संकलन से आचार्य सेन का उद्देश्य था बंगाली समाज को कबीर की रचनाओं से परिचित कराना

और वे अपने उद्देश्य में पूर्णतः सफल हुए। बंगाल में इस संकलन ग्रन्थ का बड़ा सम्मान हुआ। बंगाल ही क्यों, सम्पूर्ण भारतवर्ष में कबीर–मूल्यांकन की दिशा में यह ग्रन्थ युगान्तरकारी सिद्ध हुआ। इसी के कारण 'वन हंड्रेड पोयम्स ऑफ कबीर' का निर्माण हुआ जिससे कबीर का सर्वाधिक प्रचार हुआ। मिश्रबंधुओं ने अपने हिन्दी साहित्य के इतिहास–'मिश्रबंधु विनोद' में नवरत्न की जो तालिका दी थी उसमें कबीर का स्थान नहीं था, किन्तु इस प्रचार के कारण ही वे नवरत्न में कबीर को स्थान देने को बाध्य हुए। आचार्य सेन के 'कबीर' का एक और महत्व है जिसका संकेत सी. एफ. एंड्रूज ने भी किया है। वे लिखते हैं– "बंगाल में ठीक ढंग से हिन्दी के अध्ययन को लोकप्रिय बनाने के लिए किसी भी कार्य से इतनी सफलता नहीं मिल सकती थी, जितनी प्रो. क्षितिमोहन सेन के कार्य द्वारा मिली है, क्योंकि उनके द्वारा किये गये मध्यकालीन हिन्दी लेखकों की रचनाओं के अनुवाद ने बंगला भाषा–भाषी जनता की नजरों में हिन्दी–भाषा को बहुत ऊँचा उठा दिया हैं।[15] इसी प्रकार 'वन हंड्रेड पोयम्स ऑव कबीर' के महत्त्व का प्रतिपादन करते हुए सुनीतिकुमार चटर्जी कहते हैं–"इस पुस्तक ने भारत के बाहर के अनुभवी जनों के चित्त को रससिक्त किया है। बीस साल से ज्यादा हुआ, मैंने छात्रावस्था में लन्दन में एक रूसी सज्जन को–जो कि एक नामी चित्रकार हैं, बड़े प्रेम से रवीन्द्रनाथ जी की कबीरवाली पुस्तक का रूसी अनुवाद पढ़ते देखा था। उन्होंने बड़े आग्रह के साथ कबीर तथा हिन्दी साहित्य और मध्ययुग के भारत के रहस्यवाद के विषय में मुझसे प्रश्न किये थे।... इस पुस्तक ने भारतवर्ष में भी बहुत से भारतीय जनों के मन में पुरानी हिन्दी के साहित्य के लिए अनुराग उत्पन्न कर दिया।"[16] रूसी भाषा के अतिरिक्त 'वन हंड्रेड पोयम्स ऑफ कबीर' का अनुवाद फ्रांसीसी, इतालवी तथा स्पेनिश भाषाओं में भी हुआ।

(3)

रवीन्द्रनाथ ने 1912–13 में (जून, 1912–सितंबर 1913) इंग्लैंड और अमेरिका की यात्रा की। साथ में पुत्र रथीन्द्रनाथ एवं पुत्रवधू प्रतिमा देवी थीं। रवीन्द्रनाथ गीतांजलि के अंग्रेजी अनुवाद की पांडुलिपि भी साथ ले

गए थे। रोदेंस्टाइन और कवि येट्स Gitanjali : Song Offerings से विशेष प्रभावित हुए। लंदन के साहित्य समाज में इसकी चर्चा होने लगी। 10 जुलाई 1912 को इंडिया सोसाइटी द्वारा रवीन्द्रनाथ के सम्मान में येट्स के सभापतित्व में एक सभा हुई जिसमें लंदन के कई गणमान्य चिंतक, साहित्यकार सम्मिलित हुए। इस सभा में येट्स ने गीतांजलि के अनुवाद के बारे में कहा कि इस तरह के गीत मैंने आज तक अंग्रेजी भाषा में नहीं देखे हैं–"I Know of no man in my time who has done anything in the English language to equal this lyrics."[17] रोथेंस्टाइन और येट्स के प्रयास से इंडिया सोसाइटी द्वारा नवम्बर 1912 में Gitanjali : Song Offerings का प्रकाशन हुआ। रवीन्द्रनाथ अक्टूबर में अमेरिका के लिए रवाना हो गए। अमेरिकी साहित्य समाज भी रवीन्द्रनाथ के महत्व से परिचित हो चुका था। इसमें सुप्रसिद्ध कवि एज़रा पाउंड तथा 'पोएट्री' के संपादक हेरियट मुनरो की विशेष भूमिका थी। अप्रैल 1913 में रवीन्द्रनाथ लंदन लौट आए। कुछ दिन वहाँ रहकर सितम्बर 1913 में स्वदेश लौट आए। 13 नवम्बर 1913 को 'गीतांजलि' के लिए रवीन्द्रनाथ को नोबेल पुरस्कार प्रदान करने की घोषणा हुई। रवीन्द्रनाथ के निर्देश से ही अजितकुमार चक्रवर्ती ने क्षितिमोहन सेन के 'कबीर' से एक सौ से अधिक पदों का अंग्रेजी अनुवाद किया था। उन्होंने रवीन्द्रनाथ के इंग्लैंड–अमेरिका प्रवास के दौरान 1913 के मध्य में किसी समय इन अनुवादों को रवीन्द्रनाथ के पास भेजा। रवीन्द्रनाथ द्व ारा लिखित पत्रों से यह पता चलता है कि इन अनुवादों को अजितकुमार चक्रवर्ती के नाम से ही छापने की योजना थी, किन्तु संभवतः दो कारणों से ऐसा नहीं हो सका। पहला, इसमें रवीन्द्रनाथ द्वारा इतने संशोधन हुए कि वे अब अजित के नहीं रह गए। दूसरा, भूमिका लेखक के रूप में अंडरहिल के आविर्भाव से मत–परिवर्तन करना पड़ा। अन्यथा रवीन्द्रनाथ अनुवादक के रूप में अजित को पारिश्रमिक दिलाने की चर्चा भी अपने पत्र में कर चुके थे। उनकी योजना तो यह भी थी कि क्षितिमोहन सेन को लंदन बुला कर इंडिया सोसाइटी के द्वारा भारतीय Mystic कवियों पर व्याख्यान कराया जाए।[18] किसी कारण से वह सम्भव नहीं हुआ।

भूमिका लेखक के रूप में अंडरहिल के प्रवेश से भी अजित और क्षितिमोहन सेन असन्तुष्ट हुए। अजितकुमार चक्रवर्ती और क्षितिमोहन

सेन के लिए भूमिका का प्रारूप शान्तिनिकेतन भेजा गया था (प्रणति मुखोपाध्याय, पृष्ठ संख्या 22)। इस सम्बन्ध में क्षितिमोहन सेन लिखते हैं– "ईसाई मरमियों (मिस्टिक) की विशेषज्ञ होने पर भी इस महिला को भारतीय (मरमियों) के बारे में कोई जानकारी नहीं थी। लेकिन संकोचवश कवि (रवीन्द्रनाथ) सहसागत इस दावेदार के कारण मना नहीं कर सके। बाध्य होकर हमसे भूमिका लेखन की सामग्री लेकर उन्होंने अंडरहिल को दी। उन्होंने जो भूमिका लिखी उसमें कबीर आदि सन्तों को शुरू से अंत तक ईसाई प्रभाव से प्रभावित दिखाना चाहा।[19] दिसम्बर 2014 में पुस्तक इंडिया सोसाइटी से अनुवादक रवीन्द्रनाथ टैगोर तथा सहायक अनुवादक और भूमिका लेखक के रूप में अंडरहिल के नाम से प्रकाशित हुई। अजितकुमार चक्रवर्ती के लेख के आधार पर भूमिका लिखी गई थी जिसके कुछ बिंदुओं पर अजितकुमार और क्षितिमोहन सेन की सहमति नहीं थी। विशेषकर अंडरहिल के इस कथन से कि रामानंद और कबीर जैसे धर्मगुरु ईसाई मत से प्रभावित थे। क्षितिमोहन सेन की ओर से अजितकुमार चक्रवर्ती ने एक सुदीर्घ प्रतिवाद लेख लिखा। जिसके फलस्वरूप भूमिका में कुछ परिवर्तन करके लिखा गया– किसी–किसी के द्वारा इन सन्तों पर ईसाई प्रभाव की बात कहने पर भी इस सम्बन्ध में मतभेद हैं, अतः यहाँ इस विषय पर कुछ लिखा नहीं गया– "some have regarded both these great religious leaders as influenced also by Christian thought and life : but as this is a point upon which competent authorities hold widely divergent views, its discussion is not attempted here" (इंट्रोडक्शन पृ. 2)

प्रणति मुखोपाध्याय ने क्षितिमोहन सेन के वक्तव्य को उद्धृत करते हुए लिखा है–"1913 के शरत् काल में पुस्तक प्रकाशित करा लेने की इच्छा होने पर भी सम्भव नहीं हुआ। रवीन्द्रनाथ स्वदेश लौट गए, इससे और भी विलंब हुआ। अतः 'One Hundred Poems of Kabir' का India Society संस्करण दिसम्बर 1914 ई. में प्रकाशित हुआ। इसके अगले साल निकला मैकमिलन संस्करण। इस पुस्तक के सम्बन्ध में क्षितिमोहन सेन की अप्रसन्नता कभी समाप्त नहीं हुई, किन्तु इसके प्रकाशन से दो कारणों से उन्हें आन्तरिक आनन्द हुआ– समस्त यूरोप और अमेरिका में इस ग्रन्थ का समादर हुआ तथा इस उपलक्ष्य पर विश्व के विभिन्न क्षेत्रों से

इस सम्बन्ध में लोगों के जिज्ञासा मूलक पत्र आने लगे।" (देखें, क्षितिमोहन सेन का 'भारतीय साधनाधाराय रवीन्द्रनाथ' शीर्षक लेख, 1941)[20]

लेकिन अंडरहिल को इंट्रोडक्शन लेखन का दायित्व देने के पूर्व रवीन्द्रनाथ उनकी विशेषज्ञता/विद्वत्ता से परिचित हो चुके थे। वे अंडरहिल की Mysticism विषयक सुप्रसिद्ध कृति पढ़ चुके थे। अंडरहिल से उनका पहला साक्षात्कार उपन्यासकार और साहित्य समालोचक मे सिंक्लेयर के आवास पर 2 अक्टूबर, 1912 को हुआ। दोनों एक दूसरे के साहित्यिक व्यक्तित्व से प्रभावित हुए। इस सम्बन्ध में रवीन्द्रनाथ ने शान्तिनिकेतन के शिक्षक जगदानंद राय को भेजे एक पत्र में लिखा–"आज मिस सिन्क्लेयर के यहाँ डिनर का निमंत्रण है। वहाँ मिस्टिसिज्म पुस्तक की लेखिका अंडरहिल से मुलाकात होगी। सुना है वे अत्यन्त प्रभावशाली विदुषी हैं।" (विश्वभारती पत्रिका, माघ– चैत्र 1376 बंगाब्द)[21] अंडरहिल ने इसके बाद 'एन इंडियन मिस्टिक' शीर्षक से इंग्लैंड की प्रसिद्ध पत्रिका 'नेशन' में (16 नवम्बर 1913) 'गीतांजलि' की समीक्षा लिखी। जिसमें उन्होंने विश्व के चर्चित रहस्यवादी (मिस्टिक) कवियों से रवीन्द्रनाथ की तुलना की। अंडरहिल ने (16 जून) एक छोटे समूह में रवीन्द्रनाथ को रात्रिभोज के लिए आमंत्रित किया। अंडरहिल भी 'कबीर' विषयक कार्य के लिए व्यग्र थीं और उन्होंने शीघ्र ही उसमें हाथ बँटाया। रवीन्द्रनाथ को लिखे पत्र (15 अगस्त 1913) से पता चलता है कि वे कबीर के 50 पदों का संशोधन कर चुकी हैं और अवलोकन के लिए उन्हें रवीन्द्रनाथ को भेजना चाहती हैं। उनके मन में कबीर के बारे में कुछ प्रश्न और जिज्ञासाएँ हैं जिनका समाधान चाहती हैं।[22] इस पत्र से ज्ञात होता है कि अंडरहिल ने भूमिका लेखन के साथ–साथ अनुवाद में भी सहयोग किया था–यह जरूर है कि अनुवाद और भूमिका की मूल सामग्री उन्हें उपलब्ध करा दी गई थी (दोनों का मूल कार्य अजितकुमार चक्रवर्ती द्वारा)। अजित कुमार द्वारा अनूदित और रवीन्द्रनाथ द्वारा संशोधित पांडुलिपि तो रवीन्द्र भवन, विश्वभारती में संरक्षित है, किन्तु अजित द्वारा लिखित भूमिका की प्रति उपलब्ध नहीं है। अनुवाद की मूल पांडुलिपि से यह जानना रोचक होगा कि अजितकुमार के अनुवाद तथा रवीन्द्रनाथ और अंडरहिल कृत संशोधन की गति–प्रकृति क्या थी? इस प्रसंग को यहीं छोड़ा जा रहा है।

(4)

ऑस्ट्रेलिया नेशनल यूनिवर्सिटी के प्राध्यापक, कबीर साहित्य के विशेषज्ञ पीटर फ्रिडलेंडर ने अपने लेख 'टैगोर, कबीर एंड अंडरहिल'[23] में 'कबीर' की अनुवाद प्रक्रिया पर विचार करते हुए इसमें अंडरहिल की भूमिका की समीक्षा की है। वे कहते हैं, 1912–13 में रवीन्द्रनाथ की लंदन यात्रा के दो परिणाम आए। एक गीतांजलि का अंग्रेजी अनुवाद 'सांग ऑफरिंग्स' और दूसरा 'वन हंड्रेड पोयम्स ऑव कबीर'। इस आलेख में उन्होंने दो महत्वपूर्ण बातें कही हैं। पहली यह कि 'गीतांजलि' साहित्य के लिए नोबेल पुरस्कार से सम्मानित हुई, पर आज यह भारतवर्ष के बाहर कम ही पढ़ी जाती है। लेकिन One Hundred Poems of Kabir अपने प्रथम प्रकाशन के बाद से ही लगातार प्रकाशित हो रही है जिससे आज भी पश्चिम में कबीर की लोकप्रियता का पता चलता है। उनका निष्कर्ष है कि रवीन्द्रनाथ और अंडरहिल का यह अनुवाद रवीन्द्र और कबीर के विचारों तथा अंडरहिल के ईसाई रहस्यवाद का सम्मिश्रण है जिसमें सुदीर्घ काल तक कबीर विषयक अवधारणा को उल्लेखनीय रूप से प्रभावित किया।[24] फ्रिडलेंडर के ये दोनों निष्कर्ष परस्पर संबद्ध हैं– इनमें एक निष्कर्ष यह भी निकल सकता है कि कबीर और रवीन्द्र के विचारों को अंडरहिल के 'ईसाई रहस्यवाद' तत्व का सहयोग नहीं मिलता तो पश्चिम में 'कबीर' को ऐसी दूरगामी ख्यति न मिलती। जो भी हो, 'कबीर' के साथ–साथ यह 'रहस्यवाद' भारतीय साहित्य के विशेषकर हिन्दी साहित्य के अन्य क्षेत्र को भी प्रभावित करने लगा। रामचंद्र शुक्ल काव्य में रहस्यवाद को तो मानते हैं लेकिन इसे अभारतीय समझ कर सकारात्मक रूप में नहीं ले पाते। इसी कारण उनकी दृष्टि में भारतीय परम्परा में न तो कबीर अनुकरणीय है और न रवीन्द्रनाथ की रहस्यवादी कविता। 'काव्य में अभिव्यंजनावाद' (1939) शीर्षक लेख में शुक्ल जी स्पष्ट रूप से रवीन्द्रनाथ के अनुकरण से विरत रहने की सलाह देते हैं– "रवीन्द्रनाथ यदि अनन्त की ओर ताका करें तो यह आवश्यक नहीं कि सबकी टकटकी उसी ओर लगे। उनको तो मैं एक बड़ा भारी आलंकारिक मानता हूँ। किसी बात को जितने अधिक विलक्षण और व्यंजक शब्दों में वे लपेट सकते हैं, दूसरा नहीं। उनके लाए हुए अप्रस्तुत रूप अद्भुत दीप्ति के साथ अर्थ और भाव का प्रकाश करते

हैं... उनकी तह में अनुभूति की कोई नवीन भूमि नहीं मिलती। वही रूप की क्षणभंगुरता, ससीम का असीम के साथ मिलन आदि दिखाई पड़ता है। पर जो कविताएँ जगत या जीवन की किसी मार्मिक वस्तु या तथ्य को लेकर अथवा लोकवाद के साथ समन्वित होकर चली हैं वे अत्यन्त हृदयग्राहिणी हैं।"[25]

रहस्यवाद के सम्बन्ध में रामचंद्र शुक्ल की निजी अवधारणा है, जिस पर रहस्यवादी कवि के रूप में कबीर खरे नहीं उतरते– "कबीर में जो कुछ रहस्यवाद है वह सर्वत्र एक भावुक या कवि का रहस्यवाद नहीं है"।[26] कबीर साहित्य के अध्येताओं में पुरुषोत्तमलाल श्रीवास्तव, परशुराम चतुर्वेदी, रामकुमार वर्मा ने कबीर के रहस्यवाद की चर्चा की है। रामकुमार वर्मा ने तो इस विषय पर पूरी पुस्तक ही लिख दी। लेकिन कबीर साहित्य के दो प्रमुख अध्येताओं– हजारीप्रसाद द्विवेदी (1942) और पुरुषोत्तम अग्रवाल (2009) ने कबीर के सन्दर्भ में रहस्यवाद का उल्लेख भी नहीं किया है, यद्यपि द्विवेदी जी ने अपने 'कबीर' में रहस्यवाद शब्द का उल्लेख किए बिना 'रूप और अरूप, सीमा और असीम' शीर्षक पन्द्रहवें अध्याय में रहस्यवादी भावों की चर्चा के साथ रवीन्द्र और कबीर की तुलना की है।

'वन हंड्रेड पोयम्स ऑव कबीर' (1914) के पहले कुछ पाश्चात्य लेखकों मैलकम (1812), विल्सन (1862), ट्रंप (1877), ग्रियर्सन (1907) और वेस्टकाट (1907) के ग्रन्थों या लेखों में कबीर की चर्चा हो चुकी थी। अंग्रेजी में स्वतन्त्र रूप से पुस्तकाकार में बिसप वेस्टकाट का कार्य ही पहला कार्य था– 'Kabir and The Kabir Panth' (1907) जिसमें पहली बार कबीर के जीवन, उनकी शिक्षाओं, कबीर पन्थ आदि की आलोचना की गयी। इसमें एक उप–अध्याय है Early Christian Influence in Northern India'। यह ग्रन्थ क्राइस्ट चर्च मिशन प्रेस, कानपुर से प्रकाशित हुआ था। ग्रियर्सन का विवादित आलेख 'Modern Hinduism and its debt to the Nestorians' (1907) इसी समय प्रकाशित हुआ। प्रारम्भिक अधिकांश पाश्चात्य अध्येताओं ने कबीर पर ईसाई प्रभाव की चर्चा की। और इनमें से अधिकांश प्रोटेस्टेंट मिशनरी थे।

'बीजक' के आधार पर दो मिशनरियों ने अपने कार्य प्रस्तुत किए। रवीन्द्रनाथ के पोयम्स ऑव कबीर के पहले रेवरेंड प्रेमचंद (1890 ई.)

अंग्रेजी में भूमिका सहित तथा दूसरा इसके बाद रेव. अहमद शाह द्वारा प्रस्तुत 'बीजक' का अंग्रेजी अनुवाद (1917 ई.)। इसके पूर्व टीका सहित 'बीजक' के दो ग्रन्थ प्रकाशित हो चुके थे– रीवा के राजा विश्वनाथ सिंह की पाखण्ड खंडिनी टीका (1868) और पूरण दास की त्रिज्या टीका (1872)। पाखण्ड खंडिनी टीका वैष्णव परम्परा के अनुसार है और त्रिज्या कबीर पन्थ के अनुसार। रेवरेंड प्रेमचंद ने 'बीजक' की प्रमाणिकता पर संदेह किया तो रेवरेंड अहमद शाह ने क्षितिमोहन सेन के 'कबीर' के पाठ पर संदेह किया। अहमद शाह ने राजा विश्वनाथ सिंह और प्रेमचंद के कार्य का उल्लेख किया है। भूमिका में कबीर के जीवन, बीजक की शिक्षाओं और कबीर पन्थ का विवेचन किया गया है।

एफ.ई. केइ का ग्रन्थ 'कबीर एंड हिज फॉलोअर्स' 1931 में प्रकाशित हुआ। रवीन्द्रनाथ के 'पोयम्स ऑव कबीर' के पश्चात लंबे अंतराल के बाद कबीर पर अंग्रेजी में कोई स्वतन्त्र पुस्तक आई। हिन्दी में इस बीच अयोध्यासिंह उपाध्याय हरिऔध की 'कबीर वचनावली' (1916), श्यामसुन्दर दास की 'कबीर ग्रन्थावली' (1928) और रामकुमार वर्मा की पुस्तक 'कबीर का रहस्यवाद' (1929) प्रकाशित हुई थी। केइ की पुस्तक में कबीर के जीवन, सिद्धान्त और कबीर पन्थ पर प्रकाश डाला गया है इस पुस्तक में 'पोयम्स ऑव कबीर' के पाठ की प्रमाणिकता पर पहली बार विचार किया गया है। इसमें रे. अहमद शाह के हवाले से 'पोयम्स ऑव कबीर' की प्रमाणिकता पर प्रश्न उठाए गए हैं। लेकिन शाह की पुस्तक में ऐसी चर्चा नहीं मिलती। केइ ने सन्दर्भ का संकेत नहीं किया है। केइ लिखते हैं, अहमद शाह के अनुसार "पोयम्स ऑव कबीर' में 'बीजक' से केवल पाँच पद हैं। केवल एक ही पद (संख्या 69) बीजक और ग्रन्थावली दोनों में है। यह अनुवाद हिन्दी से न हो कर बांग्ला गद्यानुवाद से है। बांग्ला गद्यानुवाद भी समुचित नहीं है। भाषा की दृष्टि से विचार करने पर वह कबीर परवर्ती है।[27] तीन पदों का विश्लेषण कर अनुवाद की कमजोरी को दिखाया गया है (पृष्ठ 63) लेकिन 'पोयम्स ऑव कबीर' के लिए कहा गया है अनुवाद बहुत सुन्दर है, रवीन्द्र जैसे (कवि के) दक्ष हाथों यही अपेक्षा थी। अंग्रेजी वेश में भी यह कविताएँ अत्यन्त सुन्दर हैं"। (केइ, पृष्ठ. 62)

कबीर के अध्येताओं ने उन्हें अपने संस्कारों और सुविधा के अनुरूप देखा। ईसाई प्रभाव बताने वाले लेखकों की चर्चा हो चुकी है। केइ के पहले श्यामसुन्दर दास (1928), रामकुमार वर्मा (1929) कबीर को वैष्णव परम्परा के अन्तर्गत रखते हैं। श्यामसुन्दर दास स्पष्ट कहते हैं, 'कबीर सारतः वैष्णव थे।' (क.ग्र. पृष्ठ 12) रामकुमार वर्मा वैष्णव धारा और सूफी धारा के समन्वय की बात कहने पर भी कबीर को हिन्दू परम्परा में रख कर देखना चाहते हैं। इसके साथ–साथ दोनों अध्येता कबीर को हिन्दू–मुसलमान की एकता का प्रतीक मानते हैं। श्यामसुन्दर दास कहते हैं– "हिन्दू–मुसलमान सभी सन्त फकीरों का इन्होंने समागम किया था, अतएव हिन्दू भावों के साथ इनमें मुसलमानी भाव भी पाए जाते हैं। यद्यपि इनकी रचनाओं में भारतीय ब्रह्मवाद का पूरा ढाँचा पाया जाता है।" (क. ग्र. पृष्ठ 25) रामकुमार वर्मा ने इस्लामी सत्ता और धर्मांतरण की चर्चा करते हुए कहा, "मुसलमानी संस्कृति में पोषित हो कर भी उन्होंने ऐसे सार्वजनीन सिद्धान्तों का प्रचार किया जिनमें हिन्दू धर्म को भी अपने स्थान पर स्थिर रहने की दृढ़ता प्राप्त हुई। हिन्दू धर्म के जाति–बंधन की यंत्रणा से मुक्ति दिलाने वाला 'सन्तमत' कबीर के द्वारा ही प्रवर्तित हुआ।" (सन्त कबीर, पृष्ठ 23)

कबीर साहित्य के कुछ अध्येताओं ने कबीर को इस्लामी प्रेरणा या सूफी मत से प्रभावित बताया है। बंगाल के सूफी साहित्य के अध्येता मोहम्मद एनामुल हक ने कबीर को चिश्ती संप्रदाय का शिष्य बताया और सूफी सन्त के रूप में उनका वर्णन किया है।[28] सव्यसाची भट्टाचार्य के अनुसार इरफान हबीब कबीर को सूफी नहीं मानते। उनका परिचय वे मुवाहिद या एकेश्वरवादी के रूप में देते हैं।[29] हमने अभी विवादास्पद 'रहस्यवाद' की चर्चा की। इसी प्रकार 'मुवाहिद' और 'एकेश्वरवाद' (Monothism) भी कबीर के सन्दर्भ में विवादास्पद हैं। रवीन्द्रनाथ और क्षितिमोहन सेन को Mysticism से परहेज नहीं। इसके लिए दोनों ने साधक कवि या मरमिया शब्द का प्रयोग किया है। रामचंद्र शुक्ल सिद्धान्त रूप में रहस्यवाद को स्वीकार नहीं करते हुए भी कहते हैं, "कबीर की वाणी में स्थान–स्थान पर भावात्मक रहस्यवाद की जो झलक मिलती है वह सूफियों के सत्संग

का प्रसार है।" (हिन्दी साहित्य का इतिहास, पृष्ठ 79) रामकुमार वर्मा ने भी लिखा है, "कबीर का रहस्यवाद हिन्दुओं के अद्वैतवाद और मुसलमानों के सूफी मत पर आश्रित है।" (कबीर का रहस्यवाद, पृष्ठ 25) विष्णुकांत शास्त्री ने अपने आलेख 'कबीरदास के मूल स्वरूप पर पड़े आवरण' में कई आवरण की चर्चा की है, जिनमें दो आवरण प्रमुख हैं– 'रहस्यवाद' और 'सूफी' मत। 'मुवाहिद' (Monothism) के दो अर्थ मिलते है– एकेश्वरवाद तथा अद्वैतवाद। अकबर के शासन काल से ही कबीर के लिए 'मुवाहिद' शब्द का प्रचलन हो गया था। इस सम्बन्ध में विष्णुकांत शास्त्री कहते हैं– "अकबर के शासन काल में फारसी में लिखित मोहसिन फानी कृत ऐतिहासिक ग्रन्थ 'दबिस्ताने मजाहिब' में कबीर को रामानंद का शिष्य एवं 'मुवाहिद' बताया गया है जिसका अर्थ रेवरेंड जी.एम. वेस्टकाट ने 'एक ईश्वर का विश्वासी' (एकेश्वरवादी) बताया है। (कबीर एंड कबीर पन्थ, पृष्ठ 37) सैयद अतहर अब्बास रिजवी ने भी लिखा है कि अखबार अल अख्तयार के अनुसार शेख सादुल्ला ने कबीर को 'मुवाहिद' कहा था, किन्तु उसका अर्थ उन्होंने मोनिस्ट या अद्वैतवाद ही बताया है। (मुस्लिम रीवाइवलिस्ट मूवमेंट इन नॉर्दर्न इंडिया, पृष्ठ 60) मौलवी गुलाम सरवर द्वारा लिखित 'खजीनतुल' में कबीर को शेख तकी का शिष्य और सूफी घोषित किया गया है।''[30] विष्णुकांत शास्त्री 'रहस्यवादी कबीर' और 'सूफी कबीर' के सन्दर्भ में श्रीमती अंडरहिल और रामचंद्र शुक्ल दोनों के मत को अस्वीकार करते हैं, क्योंकि उनकी दृष्टि में–"उपनिषदों में, गीता में तथा अन्य मान्य ग्रन्थों में सगुण साकार भगवान की भक्ति के साथ–साथ अव्यक्त निराकार परमात्मा की भी भक्ति का निरूपण किया गया है।"[31] शास्त्री जी ने प्रमाण स्वरूप ईशावास्योपनिषद् और श्रीमद्भगवद्गीता (बारहवें अध्याय) से उद्धरण सहित भक्तियोग की चर्चा की है।

कबीरदास को रहस्यवादी मानने वाले विद्वान उन्हें सूफी बताते हैं या सूफी साधना से प्रभावित मानते हुए एकेश्वरवादी बताते हैं। इस सम्बन्ध में अली सरदार जाफरी ने कहा, "कबीरदास एक मुसलमान सूफी थे जो हिन्दू भक्ति की भाषा में बात कर रहे थे।"(कबीर बानी, पृष्ठ 15) इसके पूर्व ताराचंद ने अपने ग्रन्थ 'इनफ्लुएंस ऑफ इस्लाम ऑन इंडियन कल्चर' में कुछ उदाहरण देकर कहा है, "ये उदाहरण प्रमाणित करते हैं

कि वे (कबीर) सूफी साहित्य के अतिशय ऋणी थे। यदि उनकी रचनाओं की .शब्दावली में अधिक समानता परिलक्षित नहीं होती तो इसका अर्थ यह नहीं है कि उनकी (सूफियों की) विचारधारा से उनका (कबीर का) कम परिचय था, इसका कारण यह है कि वह (कबीर) विद्वान नहीं थे, अतः यद्यपि उन्होंने उनके (सूफियों के) विचारों को तो आत्मसात कर लिया किन्तु वे फारसी पंक्तियों को अपने मस्तिष्क में नहीं रख पाए।" (पृ. 152–153) जाफरी ने ताराचंद के तर्कों का ही सहारा लेकर यह कहा कि कबीर की रचनाओं में सूफी शब्दावली का अभाव सा है। अतः उन्होंने ताराचंद के कथन के आधार पर इसका कारण कबीर का विद्वान न होना ही मानकर सन्तोष कर लिया। (बानी, पृष्ठ 28) विष्णुकांत शास्त्री इन कथनों की परीक्षा कर निष्कर्ष स्वरूप कहते हैं, "कबीर ने अपनी रचनाओं में बीसियों जगह अपने को भक्त कहा है पर एक बार भी न अपने को सूफी कहा, न रहस्यवादी। साहित्य के जिस रहस्यवादी दौर के कारण कबीर पर यह आवरण पड़ा था वह गुजर चुका है। अतः अब इसका मोह त्यागना चाहिए।"[32] कबीर के दो अध्येताओं हजारीप्रसाद द्विवेदी और पुरुषोत्तम अग्रवाल ने कबीर और उनके साहित्य के मूल्यांकन में 'रहस्यवाद' की भाँति सूफी तत्व को भी महत्व नहीं दिया है।

(5)

रवीन्द्रनाथ ने सर्वप्रथम सन्तों के ऐतिहासिक महत्व को समझा था और उन्हें 'भारतपन्थी', 'धर्मसंगम' और मानवता के पथ पर चलने वाला सच्चा साधक बताया। सन्त–कवि रवीन्द्रमानस में विशिष्ट स्थान रखते हैं। यद्यपि सन्तों की यह विशिष्टता रवीन्द्र–मानस के लिए स्वतन्त्र अस्तित्व का परिचायक नहीं है, कारण रवीन्द्रनाथ की सन्त–भावना उनकी भारत–भावना का अंग थी। भारत को देखने की, भारत को समझने की रवीन्द्रनाथ की अपनी विशिष्ट दृष्टि है। रवीन्द्रनाथ ने सन्तों को भारतीय साधना–धारा के मध्य रखकर देखा है। उपनिषद् के सम्बन्ध में रवीन्द्रनाथ की जो दृष्टि है, वही सन्तों के सम्बन्ध में है। भगवान बुद्ध के सम्बन्ध में उनकी जो दृष्टि है वही सन्तों के सम्बन्ध में है। राममोहन राय के सम्बन्ध में उनकी जो दृष्टि है वही सन्तों के सम्बन्ध में है। ये सभी रवीन्द्रनाथ की

भारत–भावना के अंग हैं। इन सब ने भारत के निजी सत्य को उद्घाटित करने का प्रयास किया। यही कारण है कि भारत के गौरव का वर्णन करते समय रवीन्द्रनाथ सन्तों को याद करते हैं, उपनिषद् का वर्णन करते समय सन्तो को याद करते हैं, बंगाल के बाउलों का वर्णन करते समय सन्तो को याद करते हैं। रवीन्द्र–दृष्टि में भारत के प्राचीन (औपनिषद्) ऋषियों के यथार्थ उत्तराधिकारी ये सन्त ही हैं। वे कहते हैं– "वे ही यथार्थ भारतीय थे क्योंकि उन्होंने ही बाहर के किसी सुविधाजनक समाधान से नहीं अन्तर की आत्मीयता से हिन्दू और मुसलमान को एक करके देखा था। उन्होंने ही ऋषियों के उस वाक्य को अपनी साधना के मध्य प्रमाणित किया जो वाक्य कहता है, सत्य को वही जानता है जो अपने आपको सब के मध्य देखता है।" ('दादू'/क्षितिमोहन सेन/रवीन्द्रनाथ लिखित भूमिका)

रवीन्द्र–दृष्टि में भारतीय साधना का इतिहास समन्वय–साधना का इतिहास है। यह आर्यों तथा अनार्यों का सम्मिलन–क्षेत्र है। बौद्ध धर्म ने सम्पूर्ण पूर्व एशिया को मिलन–सूत्र में बाँधा। सन्तों की साधना भी समन्वयवादी है। भारतवर्ष की निजी साधना को उन्होंने जीवित रखा। यही कारण है कि आधुनिक युग में भी यह प्रक्रिया समाप्त नहीं हुई, "राममोहन राय, स्वामी दयानंद, केशवचंद्र सेन, रामकृष्ण परमहंस, विवेकानंद, शिवनारायण स्वामी ने भी अनैक्य के मध्य एक को, क्षुद्रता के मध्य भूमा को प्रतिष्ठित करने के लिए अपने जीवन की साधना को भारतवर्ष के हाथों समर्पित कर दिया। अतीत काल से आज तक भारतवर्ष का यह एक–एक अध्याय इतिहास का असंबद्ध एवं विक्षिप्त प्रलापमात्र नहीं है वरन् परस्पर ग्रथित है।"[33] रवीन्द्रनाथ ने कबीर को सन्तों के प्रतिनिधि के रूप में देखा था और उन्हें 'भारत पथिक' कहा था क्योंकि उन्होंने भारत के मूल सत्य को देखा था। रवीन्द्रनाथ स्वयं भी इस भारत पथ के यात्री थे, तभी तो उन्होंने रामानंद को भारत पथिक कहा है, कबीर को भारत पथिक कहा है, राममोहन राय को भारत पथिक कहा है। राममोहन राय की प्रशस्ति में वे अपनी निम्न कविता उद्धृत करते हैं :

हे मोर चित्त, पुण्य तीर्थे जागो रे धीरे
एइ भारतेर महामानवेर सागर तीरे[34]

वे आर्य, अनार्य, हिन्दू, मुसलमान, ईसाई, ब्राह्मण, शूद्र सबका एक साथ आह्वान करते हैं, भारत माता के अभिषेक के लिए, मंगलघट पूर्ण करने के लिए :

आओ हे आर्य, आओ अनार्य, हिन्दू–मुसलमान।
आओ आओ आज तुम अंग्रेज, आओ क्रिस्तान।
आओ ब्राह्मण, कर पवित्र मन, सबके हाथ धरो।
आओ हे पतित, अपना अपमान भार सारा दूर करो।
माँ के अभिषेक में सत्वर आओ, मंगलघट नहीं गया भरा।
सबके स्पर्श से पवित्र किये तीर्थ नीर से
आज भारत के महामानव के सागर तट पर।

(गीतांजलि, विश्वभारती, पृ. 251)

जाति–वर्ण सबसे ऊपर उठकर परमेश्वर के प्रति समर्पण भाव ही कबीर की विशेषता है। कबीरदास ब्राह्मण और शूद्र में भी अन्तर नहीं मानते– 'तुम कत बाम्हन हम कत सूद', क्योंकि सभी एक ही ईश्वर के द्वारा बनाए गए हैं– 'एक ही सिरजन हारा'। रवीन्द्र भी इसी भाव के पथिक हैं। उनकी भी चिंता है कि इस भेदभाव को समाप्त नहीं किया गया तो स्वस्थ–सन्तुलित समाज का विकास नहीं होगा :

हे मेरे अभागे देश जिनका किया अपमान
अपमान में होना होगा उन सब के समान।
मनुष्य के अधिकार से वंचित किया जिन्हें,
सम्मुख खड़े रहकर भी गोद में न दिया स्थान,
अपमान में होना होगा उन सबके समान।

(गीतांजलि, विश्वभारती, पृ. 255)

बांग्ला गीतांजलि में संकलित ये दोनों कविताएँ बंगाब्द 1317 (1910 ई.) के आषाढ़ महीने में दिनांक 19 और 20 को रची गई। क्षितिमोहन सेन के 'कबीर' के मुद्रण कार्य की प्रस्तुति भी इस समय चल रही थी।

जिनके पीछे सर्वाधिक प्रेरणा रवीन्द्रनाथ की ही थी। हम कबीर और रवीन्द्र को रहस्यवादी कवि माने या न माने किन्तु दोनों के भावों में वही गहराई, आत्मार्पण की वही व्याकुलता मिलती है जो अन्य श्रेष्ठ रहस्यवादी (मिस्टिक) कवियों में मिलती है। रहस्यवाद के अध्येता रामकुमार वर्मा रहस्यवाद के बारे में कहते हैं, "रहस्यवाद जीवात्मा की अंतर्निहित प्रवृत्ति का प्रकाशन है जिसमें वह दिव्य और अलौकिक शक्ति से अपना शान्त और निश्चल सम्बन्ध जोड़ना चाहती है। यह सम्बन्ध यहाँ तक बढ़ जाता है कि दोनों में कुछ भी अन्तर नहीं रह जाता। जीवात्मा की शक्तियाँ इसी के अनन्त वैभव और प्रभाव से ओत–प्रोत हो जाती हैं।"[35] रामकुमार वर्मा कबीर और फारसी कवि शम्स तबरीज की कविता से उदाहरण प्रस्तुत करते हैं, "रहस्यवाद के उन्माद में जीव इंद्रिय–जगत से बहुत ऊपर उठकर विचार–शक्ति और भावनाओं का एकीकरण कर अनन्त अन्तिम प्रेम के आधार में मिल जाना चाहता है। मैं, मेरा और मुझे का विनाश रहस्यवाद का एक आवश्यक अंग है।"[36] इस सन्दर्भ में वे सेंट अगस्टाइन, कबीर, जलालुद्दीन रूमी की चर्चा करते हैं। वर्मा जी की दृष्टि में 'अद्वैतवाद' ही मानो रहस्यवाद का प्राण' है। इसमें आचार्य शंकर (आठवीं शताब्दी) का मायावाद है, तो ईरान के सूफी संप्रदाय (आठवीं शताब्दी) की प्रेम साधना की चौथी दशा मारिफत (अन्य तीन–शरीयत, तरीकत और हकीकत) की प्रेम भावना भी है और "कबीर का रहस्यवाद हिन्दुओं के अद्वैतवाद और मुसलमानों के सूफीमत पर आश्रित है"।[37]

(6)

यह जिज्ञासा हो सकती है कि भारतीय और पाश्चात्य जगत में क्षितिमोहन सेन के 'कबीर' और उस पर आधारित रवीन्द्रनाथ के 'हंड्रेड पोयम्स ऑफ कबीर' पर कैसी प्रतिक्रिया रही! हिन्दी में लिखित कबीर विषयक ग्रन्थों में सूचनात्मक प्रतिक्रिया रही। सामान्य कथन के द्वारा दोनों के प्रति सम्मान प्रकट किया गया, मानो एक संभ्रम की स्थिति रही, एक प्रशंसात्मक दृष्टि रही– विवेचनात्मक नहीं। पीतांबरदत्त बड़थ्वाल (हिन्दी काव्य में निर्गुण संप्रदाय, 1936) पुरुषोत्तम लाल श्रीवास्तव (कबीर साहित्य का अध्ययन, 1951) परशुराम चतुर्वेदी (कबीर साहित्य की परख, 1954) सबको इस बात का गर्व है कि रवीन्द्रनाथ के पोयम्स ऑव कबीर के

द्वारा विश्व, मुख्यतः पाश्चात्य जगत कबीरदास के महत्व से परिचित हुआ। किन्तु अंग्रेजी में लिखित कबीर विषयक ग्रन्थों/आलेखों/संकलन या अनुवाद ग्रन्थों में चाहे वह किसी भारतीय द्वारा लिखित हो या पाश्चात्य लेखक द्वारा–अधिकांश में क्षितिमोहन सेन के 'कबीर' और रवीन्द्रनाथ के 'पोयम्स ऑफ कबीर' की पृष्ठभूमि, उनके स्वरूप पर विवेचनात्मक टिप्पणी की गई है। इस सम्बन्ध में रेवरेंड अहमद शाह (बीजक ऑव कबीर, 1917) तथा एफ.ई. केइ (कबीर एंड हिस फॉलोअर्स, 1931) की चर्चा की जा चुकी है। अंग्रेजी में लिखित परवर्ती अधिकांश अध्ययनों में रेवरेंड केइ की टिप्पणी की प्रतिध्वनि मिलती है–मुख्यतः पाठ की प्रमाणिकता के सम्बन्ध में। कबीर की फ्रांसीसी अध्येता सर्लोट वोदविल 1970 के बाद से कबीर का अध्ययन एवं अनुवाद प्रस्तुत कर रही थीं। 'द कबीर', (ऑक्सफोर्ड, 1974 पृ. 18) तथा 'ए वीभर नेम्ड कबीर' (ऑक्सफोर्ड, 1994) में सेन और रवीन्द्र के कार्यों का उल्लेख करते हुए वे लिखती हैं–"Unfortunately, the authenticity of those poems is very questionable : it does appear that most of them were probably not composed by Kabir" (पृष्ठ 28, 1994)

'कबीर' संकलन और रवीन्द्रनाथ के अनुवाद के प्रसंग में पहला स्वतन्त्र आलेख विजय सी. मिश्र का 'Two truths are told : Tagore's Kabir' मिलता है। मूलतः 1978 में प्रकाशित यह आलेख 'The Sants Studies in a devotional tradition of India' (संपादक : करेन स्कोमेर और डब्लू.एच. मकलियोड, मोतीलाल बनारसी दास, दिल्ली, 1987) में संकलित किया गया। प्रस्तुत आलेख में एफ.ई. केइ के मत की चर्चा करते हुए क्षितिमोहन के संकलन तथा रवीन्द्रनाथ के अनुवाद की प्रमाणिकता पर सवाल उठाते हुए कहा गया है–"which of the hundred poems translated by Tagore may be called authentic?" (पृष्ठ 168) इस आलेख में पारसनाथ तिवारी द्वारा संपादित 'कबीर ग्रन्थावली' (हिन्दी परिषद, प्रयाग विश्वविद्यालय, 1961) के पाठ को प्रमाणिक मानते हुए उससे सेन और रवीन्द्र के संकलन की तुलना की गई है जो समीचीन नहीं। हम पहले भी कह चुके हैं कि सेन और रवीन्द्र का उद्देश्य कबीर की प्रामाणिक रचनाओं का उद्घाटन करना नहीं था। उनका उद्देश्य लोक–समाज में प्रचलित कबीर की वाणियों से देश–विदेश को अवगत कराना था। इस आलेख में 'Authentic',

'Corrupt', 'Fragment' जैसे शब्दों का प्रयोग करते हुए कहा गया है, "The version in the Kshitimohan Sen edition is also a 'fragment' तथा 'Tagore had access only to a corrupt version of Kabir' (पृष्ठ 173)। रवीन्द्र की अनुवाद–नीति की चर्चा करते हुए यह कहा गया है कि Thee, Thy, Him तथा Bride शब्दों के प्रयोग द्वारा Christian God तथा Western Mystical Poetry का आभास देने की कोशिश की गई है (पृष्ठ 174)। विजय मिश्र की दृष्टि में रवीन्द्रनाथ ने कबीर की न केवल अपनी व्याख्या दी है वरन् अपव्याख्या भी दी है, वे कबीर का वैकल्पिक पाठ प्रस्तुत कर रहे हैं, "Tagore not only interprets, he also interpenetrates : he posits an alternative text for Kabir." (पृष्ठ 178)

पीटर फ्रिडलेंडर ने अपने दो आलेखों– 'Tagore, Kabir and Underhill' (2011) तथा 'Kabir : Oral to Manuscript Transition' (2015) में इस प्रसंग की विशेष चर्चा की है। इन्होंने पहले आलेख में बताया है कि 'पोयम्स ऑफ कबीर' में रवीन्द्र और कबीर के विचारों के साथ अंडरहिल के Christian mysticism का सम्मिश्रण है जिसने कबीर विषयक अवधारणा पर दूरगामी प्रभाव डाला। (पृष्ठ 1) इनके अनुसार रवीन्द्र के 'कबीर' के निर्माण में अंडरहिल की वही भूमिका रही है जो 'गीतांजलि' के निर्माण में डब्ल्यू.बी. येट्स की थी। (पृष्ठ 2) अनुवाद में Biblical Style अंडरहिल के प्रभाव से हो सकता है। (पृष्ठ 4) अपने दूसरे आलेख में फ्रिडलैंडर ने कबीरपन्थी पांडुलिपियों पर राधास्वामी आन्दोलन के प्रभाव की चर्चा की है तथा रवीन्द्रनाथ के अनुवाद पर टिप्पणी करते हुए कहा है कि यह अनुवाद नहीं अनुसृजन है–"These verses are not a translation but more a form of a transcreation." (पृष्ठ 198)

विनांद एम. कॉलवर्ट 'The Millennium Kabirbani' (मनोहर, दिल्ली, 2000) में 'कबीर' और उसके अंग्रेजी अनुवाद के महत्व का वर्णन करते हुए क्षितिमोहन सेन के 'कबीर' की प्रमाणिकता पर प्रश्नचिन्ह लगाते हैं, "It is my guess that hardly any of the Tagore songs was composed by Kabir" (Preface)

जॉन स्ट्रेटोन हाउली ने अपने ग्रन्थ 'A storm of songs : India and the idea of the Bhakti Movement' (Harward University Press, 2015) में

'Tagore and the Shantiniketan Circle' शीर्षक के अन्तर्गत भक्ति आन्दोलन के अध्ययन में शान्तिनिकेतन की भूमिका का विवेचन विस्तार से करते हुए कबीर के अनुवाद प्रसंग की चर्चा भी की है। हाउली ने क्षितिमोहन सेन की बनारस की पृष्ठभूमि का वर्णन करते हुए इन्हें 'Living World of Bhakti Songs' (पृष्ठ 241) तथा अनुवाद के प्रसंग में वेलवेडियर प्रेस और उसके संस्थापक बालेश्वर प्रसाद अग्रवाल की भूमिका तथा राधास्वामी मत का वर्णन किया है। (पृष्ठ 244)

कबीर के युवा अध्येता इमरे बंगा (ऑक्सफर्ड वि. वि.) ने अपने विस्तृत आलेख 'Shifts in Kabir Contexts and Texts from Mughal to Modern Times' में कबीर की पांडुलिपियों तथा प्रकाशित रचनाओं का आकलन किया है तथा प्रसंगानुसार क्षितिमोहन सेन और रवीन्द्रनाथ के कार्य की चर्चा की है। उन्होंने मुख्यतः फ्रिडलेंडर के शोध (A Fountain in Mid-Air, 2017) का सन्दर्भ देते हुए राधास्वामी संप्रदाय से प्रभावित वेलवेडियर प्रेस के कार्य को क्षितिमोहन के 'कबीर' का मुख्य आधार बताया है तथा सेन और रवीन्द्र के अनुवाद में हुए शब्द–परिवर्तनों का उल्लेख किया है–जैसे, राधास्वामी संप्रदाय में जीवित गुरु के महत्व के कारण वेलवेडियर की 'शब्दावली' में राम और हरि के बदले गुरु और गुरुदेव का प्रयोग किया गया, किन्तु सेन के पाठ और उस पर आधारित रवीन्द्रनाथ के 'पोयम्स ऑव कबीर' में 'गुरू' के स्थान पर 'प्रेम' का प्रयोग किया गया है। (पृष्ठ 122)

रवीन्द्र–परवर्ती काल में अंग्रेजी में कबीर–वाणी के कई अनुवाद मिलते हैं। इस सन्दर्भ में रेवरेंड अहमद शाह के 'बीजक' के अंग्रेजी अनुवाद (1917) की चर्चा हो चुकी है। 'बीजक' का दूसरा चर्चित अनुवाद है– 'The Bijak of Kabir' (लिंडा हेस और शुकदेव सिंह, मोतीलाल बनारसीदास, दिल्ली, 1983)। इसमें सेन और रवीन्द्र के संकलन या अनुवाद की चर्चा नहीं मिलती। इक्कीसवीं शताब्दी के प्रारम्भ में अंग्रेजी में कुछ अनुवाद मिलते हैं– विनय धारवाड़कर (Kabir : The Weaver Songs, पेंगुइन बुक्स, दिल्ली 2003), रॉबर्ट ब्लाइ (Kabir Ecstatic Poems, बीकॉन प्रेस, बोस्टन, 2004), और अरविन्द कृष्ण मेहरोत्रा (Songs of Kabir, Everyman, दिल्ली, 2011) के अनुवाद। विनय धारवाड़कर का अनुवाद मैं देख नहीं पाया।

इमरे बंगा ने इसका उल्लेख किया है। रॉबर्ट ब्लाइ अमेरिका के प्रसिद्ध कवि एवं अनुवादक हैं। इन्होंने रवीन्द्र के 'पोयम्स ऑफ कबीर' को आधार बनाकर 51 कविताओं का पुनः अंग्रेजी अनुवाद प्रस्तुत किया है। ब्लाइ रवीन्द्र के अनुवाद की विक्टोरियाकालीन भाषा से सन्तुष्ट नहीं थे–"The English of the Tagore Underhill translation is hopeless" (Preface xix) फिर भी इसके आधार पर उन्होंने अपना अनुवाद प्रस्तुत किया, क्योंकि वे कई कविताओं की अंतर्वस्तु से प्रभावित थे और उन्हें समसामयिक भाषा में प्रस्तुत करना चाहते थे "I simply put a few of them whose interiors I had become a especially fond of, into more contemporary languages to see what they might look like" (वही) ब्लाइ के अनुवाद की विस्तृत समीक्षा लिखते हुए हाउली कहते हैं– "ब्लाइ की ओर से किए गए कुछ सहज संपादन हमें उस कबीर की अनुभूति कराने में टैगोर से कहीं आगे ले जाते हैं, जिस कबीर से हम उनकी कविताओं के प्रारम्भिक संकलनों में मिलते हैं, बजाय उस कबीर के, जिन्हें सेन ने टैगोर के लिए प्रस्तुत किया। यह इस बात को स्पष्ट करता है कि कबीर को दुनिया भर में घर–घर के लिए परिचित बनाने में ब्लाइ ने किस तरह महत्वपूर्ण भूमिका निभाई।" (भक्ति के तीन स्वर, राजकमल, पृष्ठ 195)

प्रयाग विश्वविद्यालय के अंग्रेजी के अध्यापक अरविन्द कृष्ण मेहरोत्रा ने कबीर की ग्रन्थावली परम्परा (पारसनाथ तिवारी, 1961, माता प्रसाद गुप्त, 1969, जयदेव सिंह तथा वासुदेव सिंह 1981 और विनांद एम. कॉलवर्ट (The Millennium Kabir Vani, 2000) के संग्रहों को आधार बनाकर देवनागरी में मूल बानियों सहित कुल 60 पदों के अंग्रेजी अनुवाद प्रस्तुत किए हैं। मेहरोत्रा ने ग्रन्थ के Introduction में पहली बार वेलवेडियर प्रेस और इसके संस्थापक का विस्तृत परिचय दिया है। एक विशेष बात उन्होंने यह बतायी कि 1888 में वेलवेडियर हाउस के कंपाउंड में रूडयार्ड किपालिंग रहा करते थे। मकान मालिक उनकी मित्र ऐडमोनिया हिल और उनके पति सैमुअल एलेग्जेंडर हिल भी रहते थे जो म्योर सेंट्रल कॉलेज में विज्ञान के अध्यापक थे। (भूमिका, xxviii) इसी कंपाउंड में बालेश्वर प्रसाद अग्रवाल ने बेलवेडर प्रेस की स्थापना की (1900) और सन्त बानी

संग्रह प्रकाशित करना शुरू किया। अग्रवाल राधास्वामी संप्रदाय से जुड़े थे। अतः उनके प्रकाशनों पर संप्रदाय के मत का प्रभाव पड़ा। मेहरोत्रा का अभिमत है कि "Almost all the poems in Tagore's One Hundred Poems of Kabir are also in one form or another in two of the Belvedere press Kabir volumes" (भूमिका xxix)

बंगाल में दो अध्येताओं ने इस विषय की चर्चा की है। प्रणति मुखोपाध्याय ने 'क्षितिमोहन सेन ओ अर्धशताब्दीर शान्तिनिकेतन', (पश्चिमबंग बांग्ला अकादमी, 1998) शीर्षक ग्रन्थ में तथा नित्यप्रिय घोष ने 'साधो यह तन ठाट तंबूरे का' शीर्षक आलेख (2012) में। प्रणति मुखोपाध्याय के ग्रन्थ में क्षितिमोहन सेन के जीवन और साहित्य की विस्तृत विवेचना की गई है। इसमें क्षितिमोहन सेन के 'कबीर' की तथ्यसमृद्ध आलोचना मूल्यवान है। मुख्यतः रवीन्द्रनाथ और अन्यान्य व्यक्तियों के पत्राचार के माध्यम से 'कबीर' की रचना के इतिहास एवं तत्सम्बन्धी अन्यान्य प्रसंगों के बारे में इस ग्रन्थ के द्वारा महत्वपूर्ण सूचनाएँ मिलती हैं। प्रमाणिकता के सम्बन्ध में रेवरेंड अहमद शाह और रेवरेंड एफ.ई. केइ के द्वारा उठाए प्रश्नों का उत्तर भी मुख्यतः हजारीप्रसाद द्विवेदी के हवाले से दिया गया है। रवीन्द्रनाथ के पत्रों द्वारा ही यह सूचना मिलती है कि 'वन हंड्रेड पोयम्स ऑव कबीर' के मूल अनुवादक अजितकुमार चक्रवर्ती हैं, पुस्तक उन्हीं के नाम से छपेगी, रवीन्द्रनाथ उसमें सुधार कर रहे हैं, फिर अंडरहिल का कैसे आविर्भाव होता है– पुस्तक अब रवींद्रनाथ और अंडरहिल के नाम से छपेगी, इस सम्बन्ध में क्षितिमोहन सेन एवं अजितकुमार चक्रवर्ती का क्षोभ आदि–आदि प्रसंगों की सूचनाएँ हैं। नित्यप्रिय घोष ने अपने आलेख में प्रणति मुखोपाध्याय की तरह पत्रों के माध्यम से 'कबीर' के निर्माण की पृष्ठभूमि का, उसके इतिहास का वर्णन और अधिक सम्पूर्णता से, और अधिक सूक्ष्म रूप में किया है। इसमें रोदेंस्टाइन के पत्रों के संयोजन से यह और तथ्यसमृद्ध हो गया। दो–एक उदाहरण से इस बात की पुष्टि होती है। नित्यप्रिय घोष द्वारा उपस्थित तथ्यों से इस प्रचलित धारणा का खण्डन होता है कि नोबेल पुरस्कार पाने (1913) के बाद कुछ लोगों ने यह कहना शुरू कर दिया कि गीतांजलि की अवधारणा अभारतीय है, उस पर ईसाई विचारों का प्रभाव है। इस कथित प्रभाव के विरोध में रवीन्द्रनाथ

ने अंग्रेजी में 'साधना' (रवीन्द्रनाथ के भाषणों का संग्रह, उपनिषदों में अभिव्यक्त प्राचीन भारत का चिन्तन) और 'कबीर' (मध्यकालीन भारत का चिन्तन) पुस्तकें प्रस्तुत कीं। रवीन्द्रनाथ के दो निकटस्थ, शान्तिनिकेतन के प्रभावशाली व्यक्तियों ने भी इस प्रकार के अभिमत प्रकट किए हैं। ये हैं रवीन्द्र–जीवनीकार प्रभात मुखोपाध्याय और क्षितिमोहन सेन। प्रभात मुखोपाध्याय ने अपनी 'रवीन्द्र–जीवनी' (खण्ड 2, पृष्ठ 430) में तथा स्वयं क्षितिमोहन सेन ने अपने एक भाषण (चतुरंग पत्रिका में प्रकाशित, 1952) में इसी तरह की बात कही है। नित्यप्रिय घोष ने तथ्यों के द्वारा यह बताया है कि नोबेल पुरस्कार पाने के पहले ही 'कबीर' के प्रकाशन की प्रक्रिया शुरू हो गई थी। अतः इस प्रकार का कथन समीचीन नहीं। (नित्यप्रिय घोष, पृष्ठ 361) मेरा अपना अभिमत भी यही है, इसकी चर्चा मैंने प्रारम्भ में की है। लेकिन मैंने यह भी बताया है कि 'प्रभाव' की चर्चा नोबेल पुरस्कार (नवंबर 1913) पाने के पहले ही शुरू हो गई थी, नहीं तो अजितकुमार चक्रवर्ती को 'धर्मसंगीत' (1912 ई.) लिखने की जरूरत क्यों पड़ी? जिसमें तर्क सहित रवीन्द्रनाथ को भारतीय परम्परा में दिखाया गया है।

किसी–किसी को कबीर की बानियों तथा गीतांजलि के गीतों में इतना साम्य लगा कि उनकी यह धारणा निश्चित हो गयी कि 'गीतांजलि' की प्रेरणा कबीर से ही मिली। और उन्हें इस बात से आश्चर्य हुआ कि रवीन्द्रनाथ ने 'हंड्रेड पोयम्स ऑफ कबीर' को प्रकाशित कर अपने प्रेरणा–रहस्य को क्यों सबके सामने प्रकट कर दिया! (Hellen Bullis, Tagore and a Mystic, New York Times, February 14, 1915 Page 40, उद्धृत, Passage to America, Sujit Mukherjee, पृ. 41)

(7)

निर्गुण सन्त और बंगाल में उनके समान विचारों वाले बाउल संप्रदाय के प्रति रवीन्द्रनाथ की विशेष उत्सुकता थी। क्षितिमोहन सेन का सान्निध्य पाने पर (1908) उनकी उत्सुकता में और वृद्धि हुई। 'कबीर' संग्रह प्रस्तुत करने के लिए रवीन्द्रनाथ ने ही उन्हें प्रेरित किया था। क्षितिमोहन ने सन्तों पर 'भारतर्षेर मध्ययुगे साधनार धारा' (1930) और सन्त दादू दयाल पर 'दादू' (1935) शीर्षक ग्रन्थ प्रस्तुत किए। 'दादू' ग्रन्थ की भूमिका

रवीन्द्रनाथ ने ही लिखी। इसी समय पूर्व बंगाल के लोक साहित्य के अध्येता मोहम्मद मंसूरुद्दीन ने भी रवीन्द्रनाथ की प्रेरणा से चार खण्डों में 'हारामणि' शीर्षक से बाउल गीतों का संकलन किया। इसकी 'भूमिका' भी रवीन्द्रनाथ ने लिखी। रवीन्द्रनाथ तुलसीदास के महत्व से परिचित थे और तुलसी और निर्गुणपन्थी साधक कवियों के वैचारिक मतभेद से भी परिचित थे। तुलसी के राम की सत्यनिष्ठा, कर्तव्य–परायणता और पुरुषार्थ की चर्चा करते हुए उन्होंने आक्षेप किया कि वे (तुलसीदास) सन्त कवियों का सही मूल्यांकन नहीं कर सके।"[38] सन्तों की आन्तरिक साधना का परिचय देते समय रवीन्द्रनाथ कहते हैं, "इन सन्तों की प्रत्यक्ष उपलब्धि के राम किसी पुराण में नहीं हैं। तुलसीदास जैसे भक्त कवि भी इनके निर्वन्ध और स्वच्छन्द साधना–भजन से असन्तुष्ट थे। उन्होंने समाज के बाह्य बेड़े के भीतर से ही इन्हें देखा था, वे इन्हें एकदम नहीं पहचान सके।" ('दादू' क्षितिमोहन सेन, रवीन्द्रनाथ लिखित भूमिका)

मध्ययुगीन सन्तों में कबीर ने रवीन्द्र को विशेष रूप से आकर्षित किया। रवीन्द्रनाथ ने विभिन्न प्रसंगों में उनकी चर्चा की है। उनकी दृष्टि में मानव के रहस्य को कबीर ने जान लिया था, इसलिए 'व्यक्ति आमि' (व्यक्ति मैं) और 'विश्व आमि' (विश्व मैं) की चर्चा के प्रसंग में प्रमाण स्वरूप रवीन्द्र कबीर को उद्धृत करते हैं, साधक कवि कबीर ने मात्र दो पंक्तियों में 'मैं' रहस्य तत्व प्रकाशित किया है– "जब हम रहल रहा नहिं कोई/हमरे माह रहल सब कोई"। अर्थात् 'मैं' के मध्य कुछ भी नहीं है किन्तु मेरे भीतर ही सब कुछ है। अर्थात् यह 'मैं' एक ओर सब से पृथक होकर दूसरी ओर सब को अपना बना लेता है।"[39] रवीन्द्र और कबीर की 'अद्वैतानुभूति' या 'अरूपानुभूति' में पर्याप्त साम्य है। इसकी थोड़ी चर्चा करके हम इस प्रसंग को यहीं समाप्त करेंगे। रवीन्द्र और कबीर दोनों अपने परम तत्व को सर्वत्र बताते हैं। रवीन्द्र उनका वर्णन सीमा–असीम, रूप–अरूप के रूप में करते हैं तो कबीर उसका वर्णन 'हद–बेहद' के द्वारा करते हैं। जो असीम है वही इस सीमा में प्रकाशित है। रवीन्द्र कहते हैं, इस सीमा के मध्य असीम अपनी वीणा बजा रहा है। मेरे मध्य उसका प्रकाश है, इसलिए इतना मधुर है :

सीमार माझे, असीम तुमि बाजाओ आपन सुर।
आमार मध्ये तोमार प्रकाश ताइ एत मधुर।

(गीतांजलि, 120)

कबीरदास ने सीमा–असीम के अर्थ में ही 'हद–बेहद' शब्द का प्रयोग किया है। दोनों में अर्थ–साम्य होने पर भी इनका प्रयोग कुछ भिन्न रूप में हुआ है। रवीन्द्रकाव्य में सीमा और असीम का समान महत्त्व है तो कबीर का ध्यान बेहद पर ही है। इसीलिए कबीरदास कहते हैं, जिनका ध्यान बेहद की ओर है उन्हीं की निकटता प्राप्त करो :

कबीर हद के जीव सूँ, हित करि मुखाँ न बोलि।
जे लागे बेहद सूँ, तिन सूँ अंतरि खोलि।

(क.ग्र. दास, पृ. 20)

रवीन्द्र द्वारा व्यवहृत सीमा और असीम के अर्थ में कबीर ने बूँद और समुद्र का प्रयोग किया है। रवीन्द्र कहते हैं, असीम सीमा का संग चाहता है, सीमा असीम में खो जाना चाहती है :

असीम से चाहे सीमार निविड़ संग,
सीमा हते चाय असीमेर माझे हारा।

(उत्सर्ग–17, विश्वभरती)

इसी प्रकार कबीर कहते हैं, बूँद समुद्र में खो गयी है और समुद्र बूँद में खो गया। इनको अलग–अलग कैसे देखा जा सकता है :

हेरत हेरत हे सखी, रह्या कबीर हेराइ।
बूँद समानी समंद में, सो कत हेरी जाइ।।
हेरत हेरत हे सखी रह्या कबीर हेराइ।
समंद समाना बूँद में, सो कत हेर्या जाइ।।

(क.ग्र. दास पृ. 13)

रवीन्द्र और कबीर दोनों अपनी अद्वैतानुभूति के वर्णन में रूप–अरूप शब्द का प्रयोग करते हैं। दोनों ही परम तत्व को अरूप कहते हैं। रूप की सीमा में यह अरूप प्रकाशित है। रवीन्द्र रूप के सागर में डूब कर

अरूप रत्न की आशा करते हैं– 'रूप सागरे डुब दियेछि / अरूप–रतन आशा करि। (गीतांजलि 47)

वे कहते हैं, रूप की ओट में ही अरूप वीणा बजती है। वही वीणा आज मेरे ह्वदय में बज उठी :

अरूप वीणा रूपेर आड़ाले लुकिये बाजे,
से वीणा आजि उठिल बाजि ह्वदय माझे।।[40]

सीमा–असीम की भाँति रूप–अरूप के प्रयोग में रवीन्द्र और कबीर में सामान्य भिन्नता है। कबीर रूप–अरूप कह देने से ही परमतत्व को पूर्णतः व्यक्त नहीं मानते, इसलिए वे उसे रूप–अरूप से परे भी मानते हैं। कबीर परमतत्व को गुण–निर्गुण, द्वैत–अद्वैत, हद– बेहद सब कुछ मानते हैं और इनसे परे भी बताते हैं। वह रूप–अरूप भी है और इनसे परे भी है :

आपुहि सबमें रमा है
आप सभन के पार।
रूप रंग सब आपुहि
आपुहि सिरजन हार।
आगे बहुत विचार भौ
रूप अरूप न ताहि।
बहुत ध्यान करि देखिया
नहि तेहि संख्या आहि।।[41]

रवीन्द्र और कबीर ने परमात्मा को प्रिय मानकर उसका वर्णन किया है। ये अपने को उसकी वधू मानते हैं। रवीन्द्र कहते हैं कि मिलन के लिए मेरे प्राण युग–युग से वधू के वेश में चल रहे हैं :

तोमाय आमाय मिलन हबे बले
युगे युगे विश्वभुवन तले
पराण आमार बधूर वेशे चले
चिर स्वयंवरा[42]

कबीरदास प्रभु को अपना प्रिय और स्वयं को उसकी वधू मानते हैं। उससे मिलने के लिए उन्होंने श्रृंगार किया :

हरि मेरा पीव मैं हरि कि बहुरिया
राम बड़े मैं छुटक लहुरिया।।
किया स्यंगार मिलन के ताँई
काहे न मिलौ राजा राम गुसाँई।।[43]

रवीन्द्र और कबीर प्रिय से अपने विवाह का वर्णन भी करते हैं। रवीन्द्र कहते हैं, गोधूलिलग्न के समय मेरे विवाह के रंग से ही आकाश में लाली छा रही है। मंत्रगान से प्रिय मुझे मग्न कर देगा :

आमार गोधुलिलगन एल काछे
गोधुलिलगन रे।।
विवोहर रङे, राङा हये आसे,
सोनार गगन रे।

....

तखन ए घरे के खुलिबे द्वार,
के लइबे टानि बाहुटि आमार,
आमाय के जाने की मन्त्र गाने
करिबे मगन रे।[44]

कबीरदास (आत्मा) के विवाह में भी राम के साथ फेरे पड़ेंगे, इसलिए वे अपने को धन्य मानते हैं :

दुलहनी गावहु मंगल चार,
हम घरि आए हो राजा राम भरतार।।
तन रत करि मैं मनरत करिहूँ, पंचतत्त बराती।
राँमदेव मोरे पाँहुनै आये मैं जोबन मैं माती।।
सरीर सरोवर बेदी करिहूँ, ब्रह्मा बेद उचार।
राँमदेव संगि भांवरी लैहूँ, धनि धनि भाग हमार।।[45]

(8)

क्षितिमोहन सेन द्वारा प्रस्तुत 'कबीर' के साथ–साथ रवीन्द्रनाथ ठाकुर द्वारा प्रस्तुत 'One Hundred Poems of Kabir"–दोनों के हिन्दी रूपान्तर का प्रस्ताव वाणी प्रकाशन, दिल्ली के निदेशक श्री अरुण माहेश्वरी का था।

कार्यकारी निदेशक अदिति माहेश्वरी ने तत्परतापूर्वक कार्य को आगे बढ़ाया। कबीर साहित्य के अध्येता पीटर फ्रिडलैंडर (ऑस्ट्रेलियन नेशनल विश्वविद्यालय, कैनबरा), जॉन स्ट्रेटन हाउली (कोलंबिया विश्वविद्यालय), इमरे बंगा (ऑक्सफोर्ड विश्वविद्यालय) तथा माधव हाड़ा (उदयपुर विश्वविद्यालय) ने संबंधित सामग्री भेजकर या तत्सम्बन्धी सूचना देकर इस कार्य में सहायता की। लिप्यंतर तथा अनुवाद में हमारी पूर्व शोधछात्राएँ शुचिस्मिता दास और हसीना यास्मीन तथा वर्तमान शोधछात्र राजेश कुमार साव ने सहयोग किया। विश्वभारती के केन्द्रीय पुस्तकालय, हिन्दी भवन पुस्तकालय और रवीन्द्र भवन पुस्तकालय तथा अभिलेखागार के सहयोगियों ने तत्परतापूर्वक सहायता की। इन सबके प्रति मैं हार्दिक आभार व्यक्त करता हूँ।

संदर्भ

1. उद्धृत, Rabindranath through Western Eyes, Alex Aronsan, पृष्ठ 85, इलाहाबाद, 1943 ई.
2. उद्धृत, रवीन्द्र–दर्शन, एस. राधाकृष्णन, पृष्ठ 19
3. उद्धृत, वही
4. International journal of ethics, अप्रैल, 1916, पृष्ठ 398, उद्धृत, वही, पृष्ठ 20
5. रवीन्द्रनाथ की गीतांजलि–युग की रचनाओं को अजितकुमार चक्रवर्ती ने 'मधु' कहा है
6. काव्य–परिक्रमा, पृष्ठ 91, विश्वभारती
7. कबीर–ग्रन्थावली, पृष्ठ 45, काशी नागरी प्रचारिणी सभा, 1928
8. सुन्दर–ग्रन्थावली, भाग–1, पृष्ठ 189, राजस्थान रिसर्च सोसायटी, कोलकाता
9. विशालभारत, जनवरी, 1942, कोलकाता
10. रवीन्द्र प्रसंग, क्षितिमोहन सेन, पृष्ठ 40
11. काव्य–परिक्रमा, अजितकुमार चक्रवर्ती, पृष्ठ 90, विश्वभारती
12. वही, पृष्ठ 90
13. Translation of Kabir : Pound and Tagore, Apoorva Kumar Sanyal, Tagore Research Studies, 1972, पृष्ठ 32
14. उद्धृत, वही
15. विशाल भारत, वर्ष 25, फरवरी 1940, पृष्ठ 129
16. वही, वर्ष 23, जुलाई 1941, पृष्ठ 7
17. उद्धृत, गीतांजलि, अनुवाद शकुंतला मिश्र, पृष्ठ 3, वाणी प्रकाशन, दिल्ली, 2013
18. देखें, क्षितिमोहन सेन ओ अर्धशताब्दीर शान्तिनिकेतन, प्रणति मुखोपाध्याय, पृष्ठ 417–428
19. वही, पृष्ठ 421–422
20. वही, पृष्ठ 422
21. प्रतिबिम्बित रवीन्द्रनाथ, समीर सेनगुप्त, पृष्ठ 62, पत्रलेखा, कोलकाता, 2010
22. Dear Mistar Tagore (रवीन्द्रनाथ को यूरोप और अमेरिका से लिखे गये 93 विशिष्ट पत्रों का संग्रह) संपा. एलेक्स एरोन्सन, विश्वभारती, 2000 ई.

23. http://www.india-seminar.com/2011/623/623_peter.friedlander.htm लेखक फ्रिडलेंडर द्वारा प्रेषित आलेख

24. Tagore and Underhills translation of Kabir produced a conflation of Tagore and Underhills christian mystisim which has had a remarkable and Longlasting impact on perception of Kabir."–Tagore, Kabir and Underhill', Page 1

25. रामचंद्र शुक्ल ग्रन्थावली, संपा. ओमप्रकाश सिंह, खण्ड 3, पृष्ठ 296

26. जायसी ग्रन्थावली, भूमिका, पृष्ठ 2

27. Kabir and his followers, एफ. ई. केइ, पृष्ठ 63

28. A History of Sufism in Bengal, Dhaka, 1975 से उद्धृत, 'कबीर', क्षितिमोहन सेन, प्राक्कथन, सव्यसाची भट्टाचार्य, आनन्द पब्लिशर्स प्रा.लि., कोलकाता

29. वही

30. कबीरदास के मूल स्वरूप पर पड़े आवरण' शीर्षक आलेख, कबीर अनुशीलन, संपा. प्रेमशंकर त्रिपाठी, पृष्ठ 313, कोलकाता, 2000

31. वही, पृष्ठ 319

32. वही, पृष्ठ 326

33. राजा प्रजा, रवीन्द्र रचनावली, खण्ड 10, पृष्ठ 452

34. भारत पथिक राममोहन राय, विश्वभारती, पृष्ठ 30

35. पूरा कबीर, संपा. बलदेव वंशी, पृष्ठ 95, दिल्ली, 2005

36. वही, पृष्ठ 97

37. वही, पृष्ठ 103

38. तुलसी विषयक विस्तृत विवेचन के लिए द्रष्टव्य, मध्ययुगीन हिन्दी सन्त साहित्य और रवीन्द्रनाथ, रामेश्वर मिश्र, पृष्ठ 60–61

39. शान्तिनिकेतन, रवीन्द्र रचनावली, खण्ड 15, पृष्ठ 509

40. अरूप रतन, रवीन्द्र रचनावली, खण्ड 13, पृष्ठ 212

41. कबीर, क्षितिमोहन सेन, पद संख्या 240, वाणी प्रकाशन, दिल्ली, 2023

42. गीत वितान, पूजा, पृष्ठ 19, विश्वभारती

43. कबीर ग्रन्थावली, संपा. श्यामसुन्दर दास, पृष्ठ 95

44. खेया, गोधुलीलग्न, विश्वभारती

45. कबीर ग्रन्थावली, संपा. श्यामसुन्दर दास, पृष्ठ 69

भूमिका

इवलिन अंडरहिल

भारतीय रहस्यवाद के इतिहास में कबीर अनोखे एवं रोचक व्यक्तित्वों में महत्वपूर्ण स्थान रखते हैं। अंग्रेज पाठकों के लिए उनकी चयनित कविताओं को पहली बार प्रस्तुत किया गया है। 1440 के लगभग बनारस या उसके आसपास एक मुसलमान परिवार में जन्म लेनेवाले कबीर, जीवन के प्रारम्भिक चरण में ही प्रख्यात हिन्दू साधक रामानंद के शिष्य बने। 12वीं सदी के ब्राह्मणवाद के महान सुधारक रामानुज ने जो धार्मिक पुनरुत्थान दक्षिण भारत में शुरू किया उसे रामानंद ही उत्तर भारत में ले आए। इस धार्मिक पुनरुत्थान का लक्ष्य था हिन्दुओं की अत्यधिक रूढ़िवादिता, वेदांत की तीक्ष्ण बुद्धिवादिता (जो अद्वैतवाद को जरूरत से ज्यादा बड़ा बना कर दिखाता था) के स्थान पर हृदय की स्वाभाविक मानवीय वृत्तियों को सशक्त रूप से स्थापित करना। रामानुज के धर्मोपदेश ने भगवान विष्णु के प्रति व्यक्तिगत भक्ति का रूप लिया। दिव्य प्रकृति की व्यक्तिगत धारणा का प्रतीक बनकर उभरा प्रेमधर्म। वही प्रेमधर्म जो आध्यात्मिक संस्कृति के किसी न किसी स्तर से निरन्तर प्रस्फुटित होता है और कोई भी धार्मिक अनुशासन या दर्शन इसका खात्मा नहीं कर सकता।

हिन्दू धर्म में यह भक्ति भावना सहज/स्वाभाविक है, जिसे हम भगवद्गीता के कई श्लोकों में पा सकते हैं। यही भक्ति भावना मध्यकालीन पुनरुत्थान के माध्यम से सर्वधर्मसद्भाव को रूपान्वित करती है। रामानंद, उदार धर्मचेतना एवं सर्वसाधारण के बीच धर्मप्रचार के लिए सतत सचेष्ट थे। और धर्म की यही भावना रामानंद के माध्यम से कबीर तक पहुँची। जिस समय भारत में महान रहस्यवाद के कवि एवं दार्शनिक जैसे– अत्तार, सादी, जलालुद्दीन रूमी और हाफिज के विचार भारतीय धर्म पर गहरा

प्रभाव डाल रहे थे उस समय रामानंद ने मुस्लिम रहस्यवाद का पारम्परिक ब्राह्मणवाद के साथ समन्वय करने का सपना देखा। इन दोनों धर्म गुरुओं पर कुछ लोग ईसाई चिन्तन और जीवनशैली का प्रभाव भी मानते हैं, लेकिन चूँकि इस विषय में विशेषज्ञों के मत परस्पर विरोधी हैं इसलिए इस बात की चर्चा हम यहाँ नहीं करेंगे। लेकिन हम निश्चित होकर यह कह सकते हैं की कबीर ने अपने दोहों के माध्यम से दो या तीन परस्पर विरोधी आध्यात्मिक संस्कृतियों के समन्वय की शिक्षा दी है। यह ठीक वैसे ही है जैसे प्रारम्भिक ईसाई चर्च की भावना में यहूदी एवं हेलेनिय विचारधाराओं का मेल पाया जाता है।

एक धर्म सुधारक एवं एक ऐसे संप्रदाय के अगुवा (जिससे आज भी उत्तर भारत के लाखों हिन्दू जुड़े हुए हैं) होने के बावजूद आज भी कबीर हमारे लिए मुख्य रूप से रहस्यवादी कवि ही हैं। कबीर का भाग्य वैसा ही है, जैसा परम सत्य के खोजियों का होता आया है। धार्मिक अलगाववाद से घृणा करनेवाले कबीर ने हमेशा यही चाहा कि मानवमात्र को ईश्वर प्रदत्त स्वातंत्र्य या स्वतन्त्र चिन्तन प्राप्त हो जो कि ईश्वर की सभी सन्तानों के लिए स्वाभाविक प्राप्ति है। कबीर ने जिन प्राचीरों/रूढ़ियों को तोड़ने का अथक परिश्रम किया, कबीर के अनुयायियों ने उनके प्रति श्रद्धा व्यक्त करते हुए उन्हीं प्राचीरों को अन्यत्र खड़ा कर दिया। लेकिन उनके स्वतःस्फूर्त भाव, दर्शन एवं प्रेम के द्योतक उनके दोहे और पद अपने मूल रूप में सुरक्षित रहे। कबीर ने लोगों के हृदय में शिक्षामूलक वाणी के द्वारा नहीं अपितु इन्हीं दोहों के माध्यम से ही अपनी जगह बनाई। इन रचनाओं में रहस्यवादी चेतना का एक विस्तृत फलक सामने आया है, जहाँ उच्चतम अमूर्त भावना, असीम के प्रति लोकोत्तर चेतना से लेकर ईश्वर की अत्यन्त अंतरंग एवं व्यक्तिगत अनुभूति सामने आती है। इन अनुभूतियों को उन्होंने साधारण लौकिक रूपकों/उपमाओं तथा ऐसे धार्मिक प्रतीकों के माध्यम से व्यक्त किया है जो हिन्दू या इस्लाम धर्म से बिना पक्षपात के लिए गए हैं। इन रचनाओं के अध्ययन से यह स्पष्ट रूप कहना मुश्किल है कि इनके रचनाकार ब्राह्मण हैं या सूफी, वेदंतवादी हैं या वैष्णव। जैसा कि वे खुद कहते हैं, वे अल्लाह और राम दोनों की ही सन्तान हैं। उनकी आराध्य है वह परम सत्ता, जो मानवमात्र को अपनी

आनन्दमयी बन्धुता का अंश बनाना चाहती है, सारी सीमाओं के परे है। तत्वचिन्तन की सभी शाखाएँ, धर्म की सारी परिभाषाएँ, और धर्म पर आस्था रखने वाले भक्तों के मन की सरलता में उस असीम सत्ता की अभिव्यक्ति है। इसी में उनकी पूर्णता है।

कबीर के बारे में प्रचलित सारी कथाएँ प्रायः परस्पर विरोधी हैं, जिनमें से किसी एक को छोड़ कर दूसरे पर विश्वास नहीं किया जा सकता। इनमें से किसी कथा का स्रोत हिन्दू विश्वाश है तो किसी का जन्म मुसलमान आस्था से है। किसी में उन्हें जोर देकर सूफी कहा गया है तो किसी में कथा के अनुसार वे निश्चित रूप से ब्राह्मण हैं। उनका नाम उनके मुसलमान जाति से जुड़े होने की ओर संकेत करता है। जिस बनारस शहर के इर्द–गिर्द उनके जीवन की मुख्य धारा चलती रही वह उसी संभावित कहानी का परिणाम है जिसमें कबीर को मुसलमान जुलाहे परिवार का पालक या सगा पुत्र बताया गया है।

पन्द्रहवीं शताब्दी के बनारस में भक्तिभाव के समन्वयवाद की प्रवृत्ति अपने पूर्ण विकास को प्राप्त कर रही थी। सूफी और ब्राह्मण आपस में शास्त्रार्थ में उलझ पड़ते थे, वे भी अब रामानंद की शिक्षा के हवाले से बात करने लगे थे। उस समय रामानंद का प्रभाव इसी भाँति सर्वत्र व्याप्त था। कबीर में बचपन से ही धर्म के प्रति आग्रह था और इसीलिए वे रामानंद में अपने गुरु की छवि देखते थे। लेकिन एक हिन्दू गुरु द्वारा एक मुसलमान को शिष्य के रूप में ग्रहण करने की संभावना क्षीण थी। कबीर ने इसके लिए उपाय निकाला–रामानंद रोज सुबह जिस घाट पर स्नान के लिए जाते थे, कबीर उसी घाट की सीढ़ियों पर छिप कर लेट गए, जैसे ही रामानंद आए अनजाने में कबीर के शरीर पर उनके पैर लगे और वो "राम राम" बोल पड़े। राम उनके इष्टदेव का भी नाम था। तब कबीर ने घोषणा की कि रामानंद ने उन्हें गुरु मंत्र दिया है और इस प्रकार वे रामानंद की शिष्य मंडली में शामिल हो गए। इस घटना से हिन्दू और मुसलमान धर्मो के ठेकेदार क्षुब्ध हुए कि कैसे धर्म के मौलिक तत्वों के साथ छेड़खानी की गई है, लेकिन कबीर अपनी बातों पर बने रहे। रामानंद सैद्धांतिक रूप से जिस धार्मिक समन्वय की बात कर रहे थे, कबीर को उसी समन्वय का

जीवन्त उदाहरण माना गया। आगे चलकर रामानंद ने कबीर को शिष्य के रूप में स्वीकार कर लिया। हालाँकि मुसलमान लोक प्रचलित कथा के अनुसार परवर्ती जीवन में प्रसिद्ध सूफी पीर, झूँसी के तकी कबीर के गुरु बने। लेकिन एकमात्र गुरु जिनके प्रति कबीर ने अपने दोहों में आभार व्यक्त किया है वे हैं– रामानंद।

कबीर के जीवन के बारे में हम बहुत कम ही जानते हैं और जितना भी जानते हैं वह प्राच्य (पूरब) रहस्यवाद की कई धारणाओं के विपरीत है। धर्म शिक्षा के किन–किन चरणों से वे गुजरे और किस तरह उनकी आध्यात्मिक प्रतिभा का विकास हुआ इसके बारे में हम कुछ भी नहीं जानते। हम सिर्फ यह जान पाते हैं कि कबीर वर्षों तक रामानंद के शिष्य रहे एवं समकालीन प्रसिद्ध मुल्ला–मौलवी एवं ब्राह्मणों के साथ धर्म तत्व तथा दार्शनिक शास्त्रार्थ हेतु कबीर ने रामानंद का सहयोग किया। संभवतः इसी प्रकार सूफी एवं हिन्दू दर्शन से कबीर के परिचय की धारणा हमारे समक्ष व्यक्त होती है। कबीर ने हिन्दू या सूफी मत की पारम्परिक शिक्षा शायद ली हो या नहीं लेकिन इतना यकीन के साथ कहा जा सकता है की उन्होंने पेशेवर साधु या सन्त का जीवन कभी स्वीकार नहीं किया। एक सन्त के रूप में जो शारीरिक निग्रह एवं सांसारिक क्रिया–कर्मों को छोड़कर धार्मिक त्याग का जीवन जीना पड़ता है वह कबीर ने नहीं किया। कबीर का जीवन आत्मसाधना के आन्तरिक प्रयासों के साथ काव्य एवं संगीत के रूप में उसके बाह्य प्रकाश का जीवन था। कबीर एक साधक होने के साथ–साथ कुशल गायक एवं प्रतिभावान कवि थे। दूसरी तरफ उन्होंने प्राच्य के कुशल कारीगर के रूप में शान्त सरल जीवन भी व्यतीत किया। सभी विद्वान इस बात पर एकमत हैं कि कबीर एक जुलाहे हैं, एक साधारण एवं निरक्षर इंसान, जिसने अपनी जीविका का निर्वाह बुनकर के रूप में किया। जैसे सन्त पॉल तंबू बनाने का काम करते थे, चर्मकार सन्त बोहेम, बर्तनों की मरम्मत करने वाले सन्त बनियान, फीता बनाने वाले सन्त टर्सटीजेन वैसे कबीर भी जानते थे कर्म एवं दर्शन को साथ लेकर कैसे चला जाता है, उनके काम में कभी उनकी साधना ने अड़चन नहीं डाली बल्कि उनके हाथ का काम उनकी साधना में सहायक ही बना। कबीर ने कभी भी शरीर को तकलीफ देने या कृच्छ साधना का

मार्ग नहीं अपनाया। वे विवाहित भी थे और एक पिता भी। इस तथ्य को वे लोग छिपाना चाहते हैं जो संन्यास मार्ग के समर्थक हैं। लेकिन इसी सांसारिक अलौकिक जीवन को जीते हुए कबीर ने पूरे मन से ईश्वर के प्रति अपने दिव्य प्रेम से ओत–प्रोत गीतों की रचना की। यहीं उनके कर्म उनके जीवन की प्रचलित जीवन कथा से मेल खाते हैं। उन्होंने बार–बार गृहस्थ जीवन का गुणगान किया है, दैनंदिन जीवन जीने के लिए जो परिश्रम आवश्यक है उसकी सराहना की है, जीवन में प्रेम एवं वैराग्य दोनों का ही अवसर समान रूप से व्याप्त है– इस पर अपने विचार स्पष्ट किए हैं। पारम्परिक या तथाकथित योगियों की पवित्रता पर कटाक्ष करते हुए कबीर कहते हैं 'वे दाढ़ी और जटाजूट वाले विशालकाय बकरे की भाँति हैं। प्रेम, आनन्द और सौन्दर्य से भरी इस धरती को स्वीकार करके ही मनुष्य की सारी जिज्ञासाओं का हल मिल सकता है। यही जगत वह स्थान है 'जहाँ परम आनन्दमय ईश्वर ने प्रेम से भरे अपने आमंत्रण को यत्र–तत्र बिखेर कर रखा है'।

कबीर के समय और स्थान को देखते हुए उनकी एवं उनके साहस की सराहना करने के लिए कृच्छ साधना/संन्यास से जुड़े साहित्य का बहुत अधिक अनुभव होना आवश्यक नहीं है। अगर सनातन धर्म की सुचिता की दृष्टि से देखा जाए तो वह हिन्दू या मुसलमान जो भी हो उनकी नजर में कबीर एक धर्मतत्व के विरोधी ही माने जाएँगे। सभी संघीय धर्माचरण के प्रति, बाह्य आडंबर के प्रति, कबीर द्वारा व्यक्त आन्तरिक एवं तीव्र विरोध (विराग) ठीक क्वेकर्स (Quakers) की भाँति ही है। जिसके कारण हिन्दू या मुसलमान धर्म के ठेकेदारों (पुरोहित तंत्र) ने कबीर को एक खतरे के रूप में चिह्नित किया था। उन्होंने हमेशा इसी बात पर बल दिया है कि ईश्वर के साथ उनके मिलन का मार्ग अत्यन्त सरल है और यही मार्ग सर्वोत्तम है। इस मिलन के लिए न तो किसी बाह्य आडंबर की आवश्यकता है न शरीर को कष्ट देने की जरूरत। जिस ईश्वर की तलाश में वे निरन्तर रत हैं, वह ईश्वर न तो काबे में है और न ही कैलाश में मिलता है। उसकी खोज में यहाँ–वहाँ भटकने की जरूरत नहीं है, इंसान उन्हें खोज सके इसलिए वह सर्वत्र व्याप्त है। तथाकथित पवित्र एवं दंभी इंसानों के मुकाबले वह एक धोबिन या बढ़ई

के लिए सहज सुलभ है। कबीर ने हिन्दू या मुसलमान सभी के द्वारा इस पवित्रता की प्राप्ति के लिए जो बाह्याचार किए जाते हैं उनकी स्पष्ट निंदा की है। चाहे मन्दिर हो या मस्जिद, आबे जमजम हो या कुरान या पुराण जैसे पवित्र ग्रन्थ, पण्डित हो या मुल्ला–यह सभी स्पष्ट दृष्टि कवि के लिए सत्य नहीं है सत्य की भाँतिमात्र है जो मृत हैं, आत्मा एवं प्रेम के बीच बाधा के रूप में उपस्थित हैं।

"मैं जानता हूँ इन मूर्तियों में प्राण नहीं है, क्योंकि मैं इनके सामने जाकर चीख–चीख कर रो चुका हूँ। पुरान और कुरान शब्दों की समष्टि मात्र हैं, मैंने उन पर पड़ा पर्दा हटा कर देखा है।"

कोई भी संगठित धर्म संप्रदाय इस तरह के विचारों को सहन नहीं कर सकता और कबीर जो कि हिन्दू धर्म के केन्द्र बनारस में रहते थे इसीलिए बहुत तरह के धार्मिक अत्याचारों का शिकार उनको होना पड़ा, यह कोई आश्चर्यजनक बात नहीं है। कबीर के सम्बन्ध में एक प्रचलित कथा है। उनको प्रलोभन देने हेतु एक प्रसिद्ध सुन्दरी नर्तकी को ब्राह्मणों ने उनके पास भेजा एवं मैग्डालेन की भाँति वह स्त्री कबीर के संसर्ग में आकर ईश्वर की प्रत्यक्ष उपस्थिति का अनुभव करते उनकी परम भक्त बन गई। पुरोहितवाद के साथ कबीर की क्षमताओं का जो घोर द्वंद था वह इस कथा के माध्यम से पूरी तीक्ष्णता के साथ स्पष्ट होता है। कम से कम एक बार अपनी अलौकिक क्षमता के द्वारा किसी व्यक्ति को रोग मुक्त करने के उनके तथाकथित दावे के अपराध के लिए उन्हें सम्राट सिकंदर लोदी के सामने उपस्थित किया गया। लेकिन एक सुसंस्कृत व्यक्ति के रूप में सम्राट लोदी ने उनके धर्म सम्बन्धी अलौकिक आचरण के अभियोग को सहनशीलता के साथ ग्रहण किया। मुसलमान के घर में जन्म लेने के कारण कबीर ब्राह्मणों के शासन के दायरे से बाहर थे इसलिए उन्हें प्रायः सूफी ही माना जाता और सूफियों के प्रति समाज में काफी धार्मिक सहनशीलता थी, इसलिए शांति बनाए रखने के लिए उन्हें यद्यपि बनारस से प्रताड़ित किया गया परन्तु उनकी जान बख्श दी गई। यह घटना संभवतः 1495 के आसपास की है जब कबीर की उम्र 60 वर्ष के लगभग थी और यही उनके कर्म जीवन के बारे में ज्ञात सबसे अन्तिम

घटना है। इसके बाद वे अपने कुछ अनुयायियों के साथ उत्तर भारत के अलग–अलग शहरों में घूमते रहे जहाँ उन्होंने अपने गीतों के माध्यम से प्रेम एवं ईश्वर की वाणी का प्रचार किया। एक पद में उन्होंने यह कहा है कि अपने जीवन की यह परिणीति वह पहले से ही जानते थे, और यह पूर्वनिर्धारित थी। 1518 में जब गोरखपुर के निकट उनकी मृत्यु हुई तब वे वृद्ध, रुग्ण एवं इतने कमजोर थे कि अपने प्रिय संगीत वाद्य को बजाने की ताकत भी उनमें नहीं थी।

एक सुन्दर सी कथा प्रचलित है जिसमें कहा गया है कि कबीर की मृत्यु के बाद जब हिन्दू और मुसलमान उनकी अन्तिम क्रिया के लिए उनके शव पर दावा कर रहे थे, जिसमें मुसलमान उन्हें दफनाना और हिन्दू जलाना चाहते थे। जब वे आपस में विवाद कर रहे थे तो कबीर उनके समक्ष आए और उनसे कहा शव पर से चादर उठा कर देखो कि उसके नीचे क्या है। जब उन्होंने वैसा ही किया तो पाया की शव की जगह पर वहाँ फूल ही फूल हैं; जिनमें से आधे फूल लेकर मुसलमानों ने मगहर में उनकी कब्र (मजार) बनायी और आधे फूल लेकर हिन्दू बनारस में दाह संस्कार करने चले गए। एक मनुष्य का जीवन, जो अपनी उपस्थिति से हिन्दू और मुसलमान दोनों धर्मों को सुगंधित कर रहा था, अपनी प्राप्य परिसमाप्ति को प्राप्त हुआ।

(2)

रहस्यवादी साहित्य/काव्य को दो तरह से परिभाषित किया जा सकता है– पहला है वास्तविकता के प्रति एक स्वच्छन्दतावादी प्रतिक्रिया और दूसरा एक भविष्यद्रष्टा के रूप में। रहस्यवादी चेतना दो सम्पूर्ण अलग जगत के बीच योगसूत्र का काम करती है। एक तरफ यह ईश्वर के प्रति सप्रेम आराधना का निवेदन है वहीं दूसरी तरफ उस उच्च आध्यात्मिक धरातल से पृथ्वी के सामान्य धरातल पर लौट कर चिरन्तन गोपन सत्य को सामान्य मनुष्य की समझ के दायरे में लाना इसका काम है। इसलिए इस चेतनता की कलात्मक अभिव्यक्ति के दोहरे चरित्र की कल्पना की जा सकती है। यह है तो प्रेम की कविता ही लेकिन सामान्यतः यह एक धार्मिक उद्देश्य के साथ लिखी जाती है।

कबीर के गीत ऐसे ही हैं जिनसे एक उल्लास और दान/करुणा के स्वर फूट पड़ते हैं। उनकी लेखनी की भाषा साहित्यिक हिन्दी न होकर हिन्दी का लोकप्रचलित रूप थी। जैकोपोल द तोदी या रिचर्ड रोल की भाँति कबीर ने संबोधित किया है आम जनता को न कि किसी विशेष धार्मिक वर्ग के लोगों को। कबीर ने अपने काव्य में इन्ही आम लोगों के जीवन से जुड़े रूपक, उदाहरण, अनुभव आदि का प्रयोग किया है, जिनकी सरलता हमे मंत्रमुग्ध कर देती है। साधारण जन की इच्छा, अभिलाषा और सम्बन्धों, वर–वधू के सम्बन्ध, गुरु शिष्य का सम्बन्ध, तीर्थयात्री, कृषक, प्रवासी पक्षी आदि जैसे सरलतम रूपकों के माध्यम से कबीर ने परमात्मा के साथ मिलन की आत्मा की तीव्र आकुलता को व्यक्त किया है ताकि सभी उनकी बात सरलतापूर्वक समझ सकें। उनकी दुनिया में स्वाभाविक या अप्राकृतिक के बीच कोई सीमारेखा नहीं है। सब कुछ ईश्वर की लीला का अंग है इसलिए कितने भी मामूली विषय का वर्णन क्यों न हो वह थोड़ा ही सही लेकिन उस महान खिलाड़ी के मनोभाव व्यक्त जरूर करता है।

परम सत्य की उपलब्धि करने के लिए दैनंदिन जीवन का यह प्रयोग रहस्यवादी कवियों के बीच प्रायः मिलता है। अंततः जब वे इस धार्मिक आकुलता को मानवीय भावावेग में रूपान्तरित करने में सक्षम होते हैं तब उनके समक्ष इस सम्पूर्ण विश्व की सारी अभिव्यक्ति ही समान रूप से महत्वपूर्ण प्रतीत होती है, धूल का कोई भी कण ईश्वर की नित्य उपस्थिति की पारम्परिक घोषणा का प्रतीक बनकर सामने आता है। उनके द्वारा गृहस्थ एवं शारीरिक प्रतीकों का निर्भीक एवं स्वच्छन्द प्रयोग इस हद तक है कि अभ्यस्त न होने पर लोग उससे चौंक पड़ते हैं यहाँ तक पहले–पहल उनसे विमुख भी हो जाते हैं, लेकिन उनका जो महिमामंडित आध्यात्मिक जीवन है उसकी सफलता की तृप्ति उनके काव्यभाषा–प्रयोग द्वारा ही प्रतिफलित होती है। महानतम सूफी कवि, ईसाई कवियों में जैकोपोन द तोदी, राइजब्रॉयेक, बोयहमय इन सबकी रचना से इसी बात की पुष्टि होती है। इसलिए कबीर की भाषा में इन साधारण उपमानों को देखकर हमें चौंकना नहीं चाहिए। सभी लोगों के बीच सौन्दर्य तथा परमानंद की तीव्र अनुभूति को पहुँचाने की उत्कट अभिलाषा ने ही उनकी काव्यभाषा में लौकिक और अलौकिक को अविरत रूप से सान्निध्य प्रदान

किया है। इसी कारण एक क्षण वे देवता को मानवीय गुणों से युक्त दर्शाते हैं अगले ही क्षण देवता में सूक्ष्मातिसूक्ष्म अतिंद्रीय दर्शन का प्रयोग करते नजर आते हैं। जब तक हम इस परिवर्तन के कारण, उसका प्रयोग करने वाले रचैया की स्वाभाविकता, विचारों के मूल में छिपे कारण, ईश्वर की प्रकृति आदि को समझने का प्रयास नहीं करेंगे तब तक हम उनके काव्य को गहराई से समझ नहीं पाएँगे।

रहस्यवादियों के बीच भी परम रहस्यवादियों की एक क्षुद्रतम गोष्ठी है, जिनमें प्रमुख हैं– सन्त अगस्टाइन, राइजब्रॉयेख और सूफी कवि जलालुद्दीन रूमी। और इनमें कबीर भी शामिल हैं। इन्होंने ईश्वर के प्रति वह दृष्टि पाई थी जिसे हम समन्वय–साधन की दृष्टि कह सकते हैं। इन्होंने वैयक्तिक और अवैयक्तिक, लौकिक एवं अलौकिक, दिव्य प्रकृति के जड़ एवं चेतन, दर्शन के परम सत्य तथा भक्तिवाद के 'सच्चे मित्र' की अवधारणा के बीच सदा से चले आ रहे विरोध का निदान किया है। अपनी कविता के माध्यम से ये सत्य के दोनों छोरों को मिला पाए हैं। और उन्होंने इसे सम्भव बनाया है आध्यात्मिक अन्तर्ज्ञान की ऊँचाई पर पहुँच कर न कि दो विपरीत विचारधाराओं को प्रत्यक्ष रूप से आमने–सामने रख कर। राइजब्रॉयेख के अनुसार उस आध्यात्मिक ऊँचाई पर 'सब कुछ पिघल कर एकता में विलीन हो जाता है'। मानो वहाँ विपरीत सत्य के अंश मिलकर पूर्ण या परम सत्य की अनुभूति द्वारा ही पहुँचा जा सकता है। कबीर और राइजब्रोयेख दोनों ने इस बात को साफ तौर पर स्वीकार किया है कि इस पद्धति द्वारा ही उनके समक्ष त्रिस्तरीय विश्व की धारणा प्रतिष्ठित होती है, होने की प्रक्रिया (becoming), होना (being) और होने से ज्यादा (more than being) अर्थात ईश्वर। यहाँ ईश्वर अमूर्तता का अन्तिम चरण नहीं अपितु एकमात्र मूर्त/वास्तव/सत्य हैं। 'होने की प्रक्रिया के स्थितिकालीन, शर्ताधीन, सीमित जगत और 'होने' की बिना शर्त, परम्परा मुक्त, असीम जगत या दोनों के लिए प्रेरणा समर्थन एवं अपनी उपस्थिति प्रदान करते हैं। लेकिन उन दोनों से वे परे हैं। वे सर्वव्यापी यथार्थ हैं। वे सर्वत्र विराजमान हैं और उनके मध्य त्रिभुवन जपमाला की भाँति निरन्तर गतिशील है। इंसान के सादृश्य में वे सर्वप्रिय फकीर हैं, जो हर मनुष्य का साथी और गुरु है। वे अंतर्मन में स्थित मन रूपी आसन्न आत्मा हैं।

लेकिन ये सब कुछ उनकी प्रकृति का एक अंशमात्र है। ईसाई धर्म की ट्रीनिट्री की अवधारणा से उनका अस्तित्व मेल खाता है। धर्मतत्व में वर्णित आरेख से भी उनका अनोखा मेल है। उनके माध्यम से ईश्वरीय एकता का अनुभव स्पष्ट रूप से व्यक्त होता है। राईजब्रोयेख ने जिस प्रकार सत्य के एक स्तर की पहचान की, जिस पर चल कर हम पिता, पुत्र और पवित्र आत्मा के बारे में नहीं बोल सकते लेकिन उस परम अस्तित्व की बात करते हैं जो इन सभी आध्यात्मिक पात्रों का सार स्वरूप है। कबीर भी ऐसा ही कहते हैं, सीमा और असीम दोनों के पीछे वही हैं, वह, जो विशुद्ध अस्तित्व या होने से थोड़ा ज्यादा या ईश्वर हैं।

ब्रह्म तब उस भाषा का तथ्य है या शब्द है जहाँ वे शर्ताधीन एवं बिना शर्त एक तरफ निरंकुश दर्शन का उत्कृष्ट प्रमाण और दूसरी तरफ व्यक्तिगत आत्मा के प्रेमी सभी के लिए एक समान और प्रत्येक के लिए विशिष्ट हैं। जैसा कि ईसाई रहस्यवादियों ने भी कहा है। वास्तव सत्य या सत्य के वर्णन के इन दोनों पक्षों को ही कबीर ने आवश्यक समझा इसी से हम उनके आध्यात्मिक अनुभव की समृद्धि एवं उसके सन्तुलन का प्रमाण पा सकते हैं। यह अनुभव न तो पूरी तरह अलौकिक और न ही नृविज्ञान सम्बन्धी प्रतीकों (ईश्वर या प्रकृति के अन्य तत्वों पर मानवीय अनुभवों का आरोपन) के रूप में से किसी एक के द्वारा पूरी तरह अभिव्यक्त हो सकता है। वे परम से भी परम और मानव के मन से भी अधिक व्यक्तिगत हैं इसीलिए ब्रह्मा, मानव ह्वदय के सभी छिपे भावों तथा दर्शनों को अतिक्रम कर जाते हैं लेकिन दर्शन के सभी तत्वों में वे उपस्थित भी हैं। वे सबसे बड़ी सहमति हैं, सभी क्षमताओं शक्तियों का स्रोत, जीवन और प्रेम का उद्गम हैं और सभी इच्छाओं की सन्तुष्टि। उनके लिए प्रयुक्त रचनात्मक शब्द है ओम या नाद ब्रह्म। ऋणात्मक या नकारात्मक दर्शन मैं एक–एक करके उनकी आध्यात्मिक प्रकृति से सभी गुणों को निकाल देता है। वह क्या नहीं है इसके आधार पर ही उनको परिभाषित करने की कोशिश की जाती है। ऐसा दर्शन महाकवि के समक्ष तीव्र घृणा का पात्र है। वे कहते हैं, ब्रह्म को कभी अमूर्त में नहीं पाया जा सकता। वे वही प्रेम हैं जो सम्पूर्ण सृष्टि को धारण करता है। प्रेम की दृष्टि से देखने पर ही

उनके समग्र स्वरूप को देखा जा सकता है। संभवतः जो उन्हें जानते हैं, वे उनका सटीक वर्णन नहीं कर पाते, लेकिन विश्व के परमानंद के रहस्य को वे जानते हैं।

दैवीय प्रकृति के व्यक्तिगत और लोकोत्तर रूपों के समन्वय की प्राप्ति में कबीर ने तीन खतरों से आगाह किया है जो रहस्यवदी भावना को प्रभावित कर सकते हैं। इनमें से पहला ईश्वर को मानव रूप में प्रस्तुत करने की अवतारवाद की जो विकास यात्रा है उसमें आवश्यकता से अधिक भावुकता से बचने की बात कही है। भारत में इसका रूप कृष्ण भक्ति की अतिशयता में एवं यूरोप के कुछ सन्तो के अतिरिक्त भाववाद में इसे देखा जा सकता है।

इसके बाद विशुद्ध अद्वैतवाद की जिन बातों को स्वीकार करने पर, युक्तिसंगत अनुमानों या उनके निहितार्थ तक पहुँचना होता है उस रास्ते पर जो आत्मविध्वंशी/आत्मघाती सिद्धान्त आते हैं कबीर ने उनसे भी बचने की बात कही है। अर्थात ईश्वर का आत्मा से जिस माध्यम से विशेष परिचय होता है एवं आध्यात्मिक जीवन का लक्ष्य जो कि आत्मा का परमात्मा से मिलन है, उसके साथ ईश्वर के अभेद की कल्पना करना इस वेदांतिक विश्वास की स्वतः अभिव्यक्ति इसी अस्तित्व के सच्चे ज्ञान को सहज रूप में व्यक्त करने से होती है जो है तत्वमसि (तुम ही वह हो)। लेकिन कबीर की राय में ब्रह्म एवं प्राणी हमेशा अलग रहते हुए भी एकीकृत रहते हैं। जो प्रज्ञावान हैं वे जानते हैं आध्यात्मिक जगत एवं वास्तव जगत उनके ही भिन्न–भिन्न रूप/आयाम मात्र हैं। उनके साथ आत्मा का जो मिलन है वह प्रेम का मिलन है, पारस्परिक मिलन है, सभी रहस्यवादी साधना तत्वों में प्रेम ही इस द्वैत अवधारण को व्यक्त करने का प्रयास करता है। यह प्रेम आत्मोत्सर्ग नहीं है, जिसमें व्यक्ति के विकास का कोई स्थान ही न रहे। यह चिरन्तन स्वतंत्र है, जहाँ ईश्वर के साथ जीव के रहस्यमय विरह एवं मिलन की कथा किसी भी स्वाभाविक रहस्यवादी तत्व का सर्वसाधारण सूत्र है। इस तत्व में इस बात की कोई जगह ही नहीं कि आध्यात्मिक जगत के साथ आत्मा के भावों के लेनदेन में भावनाओं को पूर्ण रूप में व्यक्त न करके अंशिक रूप में ही व्यक्त करना पड़े। वैष्णव मतवाद में जिस संस्कार साधन की बात रामानुज ने

कही थी उसका सार तत्व है–यह चिरन्तन स्वातंत्र्यबोध। यही आदर्श रामानंद के माध्यम से कबीर तक भी आ पहुँचा।

वेदांत चिन्तन के लिए अभिशाप बनकर आया था उसका मात्र बुद्धि पर आश्रित होना। हद से ज्यादा बुद्धि के प्राधान्य के कारण वेदांत मात्र शुष्क ज्ञान के कर्मकांड के रूप में सीमित हो गया। इससे बचने के लिए कबीर ने अपने काव्य में ईश्वर को परम प्रेम के पात्र, मानव आत्मा के मित्र, गुरु और वधू के रूप में अत्यन्त सन्तुलित एवं उदात्त चित्रों में व्यक्त किया है। इस प्रकार उन्होंने लोकोत्तर पक्ष के साथ इस प्रेम का सुन्दर सामंजस्य प्रस्तुत किया है। विशुद्ध बुद्धिवादिता या अतिरिक्त भावुकता इनमें से किसी भी एक चिन्तन को कबीर ने नहीं स्वीकारा है। उनका प्रेम सदा ही परमेश्वर के प्रति प्रवाहित होता रहा है। यही उनके अविरत बहते जीवन का रहस्य है जो ससीम और असीम को एक सूत्र में पिरोता है। प्रेम जो ईश्वर को रूपायित करता है, इससे समस्त सृष्टि सिक्त है। यह सृष्टि उस परम प्रेमी की लीला का परिणाम है। यही ब्रह्म के प्रेम, आनन्द एवं परिवर्तन का व्यक्त स्वरूप है। मानव जीवन के प्रत्येक चरण में प्रेम के इन दो रूपों का प्रभाव व्याप्त है। आनन्द एवं पीड़ा के कोहरे को पार करके कबीर ईश्वर की सृष्टि–लीला के पीछे निरन्तर कार्यरत प्रेम के दोनों रूपों को स्पष्ट देख सकते हैं। उनकी अभिव्यक्ति इसी प्रेम में है। उनके आनन्द का व्यक्तिकरण उनकी सृष्टि, उनके कर्मों में है। इसी आनन्द से सृष्टि का उद्‌भव होता है। ईश्वरीय प्रकृति के केन्द्र से ही चिरन्तन ओंकार ध्वनि निर्गत हो रही है। समस्त विश्व ही उनका लीला क्षेत्र है जो सदा सर्वदा से सम्मुख अग्रसर है एवं ब्रम्ह के रूप को उद्‌घाटित करता आया है। कबीर ने हिन्दू धर्म से बहुत से तत्व ग्रहण किए हैं और उन्हें अपने काव्य के रस में निमज्जित कर प्रस्तुत किया है। उनकी गति, छन्द, परिवर्तन ये सभी, अखण्ड सत्य के प्रति कबीर की धारणा का अंश हैं। यद्यपि उनके चैतन्य में चिरन्तन एवं परम सदा उपस्थित हैं तथापि परम प्रकृति के प्रति उनकी धारणा गतिशील/प्रवहमान है। गति सम्बन्धी अपने प्रतीकों के माध्यम से ही वे अपनी बात हम तक पहुँचाते हैं। इसी क्रम में आधुनिकतम प्रतीकों में से एक है सम्पूर्ण ब्रम्हाण्ड को निरन्तर दोलायमान झूले के रूप में व्यक्त करना, एक ऐसा झूला जो प्रेम के सूत्रों से बँधा हुआ है।

रहस्यवादी साहित्य की एक प्रमुख विशेषता यह है कि महान भावुकगण परम संवेदी के साथ अपने सम्बन्ध स्पष्ट करने के लिए अनिवार्य रूप से रागात्मक प्रतीकों का इस्तेमाल करते हैं। हालाँकि उनको पता है कि ये प्रतीक स्थूल एवं भ्रांत होने को बाध्य हैं। हमारी साधारण मानवीय चेतना इस कदर इंद्रियों पर आश्रित है कि अनुभवों से प्राप्त अवधारणा की व्याख्या भी हम इंद्रियों के माध्यम से ही करते हैं। रहस्यवादी यह सोचते हैं कि उन उपलब्धियों के माध्यम से इंद्रियजन्य सारे भाव/बोध ही व्यक्त होते हैं। इसलिए वे हमेशा कहते हैं कि उन्हें उज्ज्वलित आलोक दिखता है, स्वर्गीय संगीत सुनाई देता है, ईश्वरीय मिठास का वे आस्वादन कर सकते हैं, वे ऐसी सुगन्ध से परिचित हैं जिसे शब्दों में व्यक्त नहीं किया जा सकता, और इसी भाँति वे परम प्रेम का अनुभव करते हैं। जूलियन ऑफ नॉर्विच ने जैसे कहा था कि उनको वास्तव में देख सकना, पूर्ण रूप में अनुभव करना, आध्यात्मिक श्रवणेंद्रियों से उनको सुन सकना, उनके अनुपम सुगन्ध का अनुभव कर पाना ही उनका वर्णनातीत स्वाद है। इनमें से जो मनोविज्ञान के स्वतःस्फूर्त चलन के अनुरागी हैं, उनके लिए इंद्रिय बोध एवं आत्मा के बीच समानान्तर चेतना का रूप लेकर आती है। जैसे सुसो ने प्रकाश को देखा था, रोला ने संगीत सुना था, सियोना के सन्त कैथेरिन ने जैसे स्वर्गीय सुगन्ध का घ्राण किया था, सन्त फ्रांसिस और सन्त टेरेसा ने जैसे शारीरिक आघात का अनुभव किया था। रहस्यवादी आध्यात्मिक परिभाषा को जिस प्रकार उच्च स्तर की चेतना की स्वाभाविक प्रकृति के साथ मिश्रित कर देते हैं, उसमें नाटकीयता का प्राधान्य होता है। यहाँ वे जिस विशेष अवधारणा के बोध को वास्तव की अभिव्यक्ति में सर्वथा उपयोगी मानते हैं, उसी से उनकी अभिव्यक्ति की विशिष्ट भंगिमा विकसित होती है।

आध्यात्मिक जगत के प्रति कबीर की प्रतिक्रिया विस्तृत एवं विविध थी। हम उनके बारे में जैसा उम्मीद कर सकते हैं ठीक वैसे ही वे अपनी सम्पूर्ण बोधशक्ति का प्रयोग प्रतीकों के इस्तेमाल में करते हैं। वे कहते हैं आँखों के बिना ही उन्होंने ब्रह्म का प्रकाश देखा है, ईश्वरीय अमृत का स्वाद चखा है, वास्तव से परे स्थित आनन्द का अनुभव किया है, स्वर्गीय पुष्प का सुगन्ध लिया है। लेकिन वास्तव में वह एक कवि और

संगीतकार है, उनके लिए सत्य और सौंदर्य का अलंकार है, छन्द/लय और सामंजस्य/सन्तुलन। इसीलिए रिचर्ड रोल की भाँति वे सौन्दर्य वे अपने गीतों में अपना परिचय रहस्यवादी संगीतकार के रूप में ही देते हैं। वह बार–बार कहते हैं सारी सृष्टि ही संगीतमय है, इसीलिए सृष्टि ही संगीत है। पूरे विश्व के अंतः स्थल से श्वेत वर्ण का संगीत विकसित होता है। प्रेम उस संगीत को वहन करता है और मुमुक्षा उसके साथ चलती है। वह संगीत जैसा घर के अंदर सुना जा सकता है वैसे ही स्वर्ग में भी। साधारण मनुष्य उसे सुन सकते हैं और साधु भी अपने परिपक्वचित्त के द्वारा। तदुपरान्त प्रत्येक मनुष्य ही एक वीणा है जिस पर ब्रह्मा (जो कि सभी स्वरों का उद्‌गम है) अपनी सुर साधना करते हैं। कबीर को सब जगह सुनाई देती है– असीम की अनाहत ध्वनि। इस स्वर्गीय संगीत को देवदूतों ने सन्त फ्रांसिस के कानों में बजाया था। यही लोकोत्तर तान रोल के हृदय को आनन्द से परिपूर्ण कर देता था। हिन्दू देवलोक से उन्होंने जिस चरित्र को बार–बार अपनाया और उसका प्रयोग किया वह है– वंशीधारी कृष्ण। वे दैवी संगीत को भी देख पाते हैं उसके दृश्य मूर्त रूप में और ब्रह्म के समक्ष विश्व के रहस्य में नृत्यपदसंचार के ताल के रूप में भी। जो एक ही साथ आराधना भी है और अन्तर में छिपे ईश्वर के अनन्त उल्लास की अभिव्यक्ति भी।

यह बात गौर करने लायक है की विश्व की इस विस्तृत और उज्ज्वल दर्शन के समक्ष रह के भी वे कभी अपने दैनंदिन जीवन को नहीं भूलते। साधारण जीवन के साथ उनका सम्बन्ध कभी टूटता नहीं। उनके कदम धरती पर मजबूती से स्थिर रहे, उनके द्वारा प्राप्त उच्च एवं उत्कट उपलब्धियों को उन्होंने अपने सदा जाग्रत एवं तीक्ष्ण बुद्धि से नियन्त्रित रखा। मौलिक रहस्यवादी प्रतिभाओं में इस प्रकार की सतर्क बुद्धि का होना प्रायः देखा जाता है। उनके चरित्र के उज्ज्वल पक्ष हैं सरलता एवं वक्रता के प्रति आकर्षण, तत्विकता तथा दार्शनिक विचारों की सशक्त अभिव्यक्ति, साम्प्रदायिक धर्म के बाह्याडंबरों की निरंकुश आलोचना। ईश्वर ही वह आदि मूल हैं जहाँ से पार्थिव या आध्यात्मिक समस्त अवधारणाओं की उत्पत्ति होती है। और ईश्वर ही मनुष्य की एकमात्र आवश्यकता है– 'जब तुम उस मूल तक पहुँच जाओगे तो तुम्हे आनन्द की प्राप्ति होगी। इस

एकमात्र प्रयोजन की ओर जिनका लक्ष्य स्थिर रहता है उनके लिए संप्रदाय, गोष्ठी, विश्वासों की शृंखला, अनुष्ठान, दार्शनिक सिद्धान्त, आश्रमिक शृंखला का कोई महत्व नहीं रहता। उनके लिए इन चीजों का महत्व वहीं तक है जहाँ तक ये आत्मा के ब्रह्म के साथ मिलन में सहायक हैं। उनके महत्व का आकलन इसी बात से किया जाता है कि वे इस मिलन में किस हद तक सहायक हैं। कबीर में यह समन्वयवाद इस तरह व्याप्त है कि कभी वे वेदान्तिक प्रतीत होते हैं, कभी वैष्णव, कभी बहुदेववादी, लोकोत्तर भाववादी, कभी ब्राह्मण और कभी सूफी प्रतीत होते हैं। कबीर उस अनिर्वचनीय सत्य का वर्णन करना चाहते हैं जो एक साथ पास है और दूर भी और उनके जीवन को नियन्त्रित करता है। ऐसा करते हुए वे अपने करघे पर विविध रंगों के सूत से कपड़ा बुन रहे हैं, परस्पर विरोधी दर्शन और अवधारणाओं के बीच से प्रतीक ढूँढ निकालते हैं। उनके लिए उपनिषद का वह वर्णन सटीक बैठता है, जहाँ अंधकार आकाश में सूर्य के रंग से रंजित रंग की बात कही गई है। वे एक ऐसे महान चरित्र हैं जिनका वर्णन करने में सभी चीजों की जरूरत पड़ती है ठीक वैसे ही जैसा कि श्वेत वर्ण के प्रकाश का वर्णन करने हेतु वर्णाली के सभी रंगों की आवश्कता पड़ती है। पारम्परिक विषयों का प्रयोग करते समय उन्होंने रहस्यवादी कवियों द्वारा बहुप्रचलित पद्धति का ही इस्तेमाल किया और इस दौरान रचना के शिल्प पक्ष या बाह्य रूप पर बहुत अधिक ध्यान नहीं दिया था। उनके सम्मुख जो भी पात्र मिला बिना भेद भाव के उसमें सुरा उड़ेल दी। प्रचलित धार्निक दर्शन एवं रीतियों का प्रयोग करते हुए ही नए सौन्दर्य और शिल्प का निर्माण किया। कबीर की तीक्ष्णतम कविता भी कई बार हिन्दू धर्म की समान्य सी बातों पर निर्भर है जैसे ईश्वर की लीला, आशीर्वाद का महासागर, आत्मा रूपी पक्षी, माया, शतदल कमल, साकार–निराकार आदि। और कुछ कविताएँ सूफी प्रतीकों एवं अनुभवों पर भी आधारित है। कई कविताएँ भारतीय जीवन की साधारण जीवन की घटनाओं पर भी आश्रित है। मन्दिर का घंटा, दीपावली की रोशनी, विवाह समारोह, सती प्रथा, तीर्थ यात्रा, ऋतु परिवर्तन आदि सभी में उन्होंने रहस्यवादी अनुभूति का आरोपण करते हुए आत्मा का ब्रह्म के साथ मिलन का संकेत दिया है। प्रकृति के प्रति भी उनकी असाधारण और घनिष्ठ अनुभूति भी कई रचनाओं में प्रतिफलित हुई है।

इस संकलन में कबीर की कविताओं/गीतों के वे सारे उदाहरण मिलेंगे जो कबीर के समस्त चिन्तन पक्षों का प्रतिनिधित्व करते हैं। यहाँ इस अद्भुत रहस्यावादी कवि का आनन्द, निराशा, सौन्दर्यबोध, उदात्त भक्ति, आलोक में उद्भासित मन, ईश्वर के साथ परम मिलन का उल्लास सभी हैं। विश्व ब्रम्हाण्ड के प्रति उनकी विस्तीर्ण और गहरी दृष्टि, सृष्टि की चिरन्तन लीला, और ईश्वर की चेतना के बीच जगत का जपमाला की तरह घूमते रहने की अवधारणा यह सभी उनके उस परम मित्र, प्रेमिक, और आत्मा के गुरु की असामान्य सुन्दर और सुकुमार धारणा से उत्पन्न हैं। सत्य का यह आभास ब्रह्म में जाकर मिलता है। सभी विपरीत धर्मी तत्व उन्हीं में जाकर समाहित होते हैं–बंधन एवं स्वतन्त्रता, प्रेम एवं मुक्ति, आनन्द और पीड़ा। आत्मा के लिए एकमात्र आवश्यकता है–उनसे मिलन। यही उसका प्रयोजन, उसका भाग्य है। और यह मिलन ही, ईश्वर का यह आविष्कार ही है पृथ्वी की सबसे सहज स्वाभाविक प्रक्रिया। यह तभी सम्भव है जब हम इसे अपने हृदय से अनुभव कर पाएँ। यह मिलन ज्ञान या पूजन अर्चन से सम्भव नहीं, यह केवल प्रेम द्वारा ही सम्भव है, यह उपलब्धि वर्णनातीत है। जैसा कि राइजब्रॉयक ने कहा था– 'यह भी नहीं वह भी नहीं'। वास्तविक पूजन एवं उनके साथ योगसूत्र स्थापन तभी सम्भव होगा जब वह सत्य दृष्टि के साथ हो। मूर्तिपूजा से इस दिव्य प्रेम की मात्र अवमानना ही होगी। पेशेदार पवित्रता की धारणा उनके लिए वर्ज्य पदार्थ से अतिरिक्त कुछ नहीं। वास्तविकता सिर्फ दान और आत्मा की शुद्धता में है। ईश्वर का वास सर्वत्र है, खासकर मानव हृदय में, यहाँ उनको सबसे सहज रूप में, एक ही पल में, खोजा जा सकता है, स्वाभाविक मानवीय, शारीरिक अस्तित्व के बीच, अलौकिकता के पंक के बीच ही उनका अनुसंधान किया जा सकता है। रास्ता पार किए बिना भी हम अपने लक्ष्य तक पहुँच सकते हैं। आश्रम जीवन के निर्जन वास या बनवास के माध्यम से नहीं मनुष्य के सभी प्रयासों की सार्थकता इस सांसारिक जीवन में ही है और अगर यहाँ ईश्वर न मिले तो दूर–दूर तक उनकी खोज में भटकने का कोई लाभ नहीं। सत्य का निवास घर में ही है। प्रेम और उदासीनता, स्वाधीनता और बंधन, आनन्द और वेदना वहाँ मनुष्य की आत्मा पर कार्य करते हैं। एक दूसरे के ऊपर उनके अभिघातों

के बीच ही असीम का अनाहत संगीत बज पड़ता है। क़बीर कहते हैं– ब्रह्म को छोड़कर और कोई भी इस संगीत को जगा नहीं सकता।

(3)

कबीर के जिन गीतों का अनुवाद संकलित है, वे अधिकतर रवींद्रनाथ ठाकुर द्वारा किए गए हैं। जो भी इन कविताओं को पढ़ेगा उसे अनुभव होगा कि उनका अपना रहस्यवादी मन उन्हे कबीर की चिंता और बुद्धि के प्रति समान अनुभूति पूर्ण व्याख्याता के रूप में सामने लाता है। मूलतः इनका स्रोत है श्री क्षितिमोहन सेन द्वारा किये गये 'कबीर' की हिन्दी कविताओं का बांग्ला अनुवाद। इनका संकलन उन्होंने कभी ग्रन्थों से, कभी पांडुलिपियों से और कभी घुमंतू चारण कवियों के मुख से सुनकर किया। कबीर के नाम से बहुत सारे गीत एवं पद प्रचलित हैं उनमें से उन्होंने मौलिक रचनाओं को ढूँढ़ कर निकाला। उनके इस परिश्रम के परिणाम स्वरूप ही इस वर्तमान रचना को प्रस्तुत करना सम्भव हो सका है।

क्षितिमोहन सेन की रचना से श्री अजीतकुमार चक्रवर्ती ने 116 कविताओं का अंग्रेजी अनुवाद किया और साथ ही कबीर पर एक गद्य रचना भी की। इन सब से हमें बहुत मदद मिली। बहुत सारे अनुवादों को एवं गद्य रचना के विभिन्न भागों को हमने अपनी इस भूमिका में प्रयुक्त किया है। अपनी रचनाओं को उपयोग करने की अनुमति देकर श्री अजीतकुमार चक्रवर्ती ने जो निःस्वार्थ उदारता दिखाई है उसके लिए हम उनके अत्यन्त आभारी हैं।

(अंग्रेजी से हिन्दी रूपान्तर डॉ. शुचिस्मिता दास)

कबीर के सौ पद*

(One Hundred Poems of Kabir)

* हर पद के अंत में कोष्ठक में दी गयी संख्या क्षितिमोहन सेन के 'कबीर' की कुल क्रम संख्या है। ये सौ पद 'कबीर' से उद्धृत हैं जिसमें कुल 342 पद हैं। देखें, प्रक्कथन 'कबीर' : क्षितिमोहन सेन, वाणी प्रकाशन, नयी दिल्ली

|| 1 ||

मो को कहाँ ढूँढ़ो बन्दे।
मैं तो तेरे पास में।
ना मैं देवल ना मैं मस्जिद,
ना काबे कैलास में।
न तौ कौन क्रिया कर्म में,
नहीं योग बैराग मैं।।
खोजी होय तो तुरते मिलिहौं,
पल भर की तालास में,
कहैं कबीर सुनो भाइ साधो,
सब स्वाँसो की स्वाँस में।। (३)

O SERVANT, where dost thou seek Me?

Lo! I am beside thee.

I am neither in temple nor in mosque:

I am neither in Kaaba nor in Kailash:

Neither am I in rites and ceremonies, nor in Yoga and renunciation.

If thou art a true seeker, thou shalt at once see Me : thou shalt meet Me in a moment of time.

Kabir says, 'O Sadhu! God is the breath of all breath.'

मेरे बन्दे (सेवक) तुम मुझे (व्यर्थ में) कहाँ–कहाँ ढूँढ रहे हो, मैं तो तुम्हारे पास ही हूँ। मैं न तो मन्दिर में हूँ और न ही मस्जिद में, न काबा में, न कैलाश में, न किसी क्रिया–कर्म में और न ही योग–वैराग्य में। यदि कोई (सच्चा) खोजी होगा तो मैं उसे तुरन्त ही, पल भर की तलाश में मिल जाऊँगा। कबीर कहते हैं, अरे भाई साधु सुनो, मैं सबकी साँसों की स्वाँस में (वर्तमान) हूँ।

|| 2 ||

संतन जात न पूछो निरगुनियाँ
साध ब्राह्मण, साध छत्तरी,
साधै जाती बनियाँ।
साधन माँ छत्तीस कौम है,
टेढ़ी तोर पूछनियाँ।।
साधै नाई साधै धोबी,
साध जाति है बरियाँ।
साधन माँ रैदास संत है,
सुपच ऋषि सो भँगियाँ।
हिंदू तुर्क दुइ दीन बने हैं,
कछु नहीं पहचनियाँ।। (10)

IT is needless to ask of a saint the caste to which he belongs;

For the priest, the warrior, the tradesman, and all the thirtysix castes, alike are seeking for God.

It is but folly to ask what the caste of a saint may be;

The barber has sought God, the washerwoman, and the carpenter—

Even Raidas was a seeker after God.

The Rishi Swapacha was a tanner by caste.

Hindus and Moslems alike have achieved that End, where remains no mark of distinction.

संतो! निरगुणियों (जो किसी भी गुण में नहीं बँधे हैं) की जात नहीं पूछी जाती। साधुओं में ब्राह्मण हैं, क्षत्रिय हैं, बनिया जाति में भी साधु हैं। साधुओं में छत्तीस कौम हैं– इसलिए किसी की जाति (के बारे में) पूछना समुचित नहीं है। नापित भी साधु हैं, धोबी भी साधु हैं, बढ़ई भी साधु हें।

साधुओं में रैदास संत हैं, सुपच ऋषि तो भंगी (जाति के) थे। हिन्दू और तुर्क (मुसलमान) दोनों ही 'दीन' (धार्मिक, साधक) बने हैं, उनकी अलग से कोई (जातिगत) पहचान नहीं है।

॥ 3 ॥

साधो भाई जीवतही करो आसा॥
जीवत समझें जीवत बूझे,
जीवत मुक्ति निवासा
जीवत करम की फाँस न काटी
मुये मुक्ति की आसा॥
तन छूटे जिव मिलन कहत है
सो सब झूठी आसा।
अबहुँ मिला सो तबहुँ मिलेगा
नहीं तो जमपुर बासा॥
सत्त गहे सतगुरुको चीन्हें
सत्तनाम विश्वासा।
कहैं कबीर साधन हितकारी
हम साधन के दासा॥ (43)

O FRIEND ! hope for Him whilst you live, know whilst you live, understand whilst you live: for in life deliverance abides.

If your bonds be not broken whilst living, what hope of deliverance in death?

It is but an empty dream, that the soul shall have union with Him because it has passed from the body:

If He is found now, He is found then,

If not, we do but go to dwell in the City of Death.

If you have union now, you shall have it hereafter.

Bathe in the truth, know the true Guru, have faith in the true Name!

Kabir says : 'It is the Spirit of the quest which helps; I am the slave of this Spirit of the quest.'

साधु भाई, जीवित रहते ही (प्रभु की) की आशा कारो। जीवित रहते ही समझा–बूझा जा सकता है, जीवन में ही मुक्ति का निवास है। जीवित रहते (तुमने) कर्मों की फाँस को नहीं काटा तो मरने पर मुक्ति की आशा (कैसे पूरी होगी)। तन छूटने पर (प्रभु से) जीव का मिलन होगा– यह झूठी आशा है। अब तक जो मिला, वह तब भी मिलेगा, नहीं तो यमपुरी तो जाना ही है। सत् को ग्रहण करना होगा, सत्गुरु को पहचानना होगा, सत् नाम में विश्वास करना होगा। कबीर कहते हैं हम साधुओं के हितैषी हैं, हम साधुओं के दास हैं।

|| 4 ||

बागो ना जारे ना जा,
तेरे काया में गुलजार।
सहस कंवलपर बैठके
तू देखे रूप अपार।। (44)

Do not go to the garden of flowers!

O Friend! go not there;

In your body is the garden of flowers.

Take your seat on the thousand petals of the lotus, and there gaze on the Infinite Beauty.

बागों में न जाओ, तेरी काया में ही गुलजार (पुष्पोद्यान) है। सहस्र कमल पर बैठके तू (प्रभू के) अपार रूप का दर्शन करेगा।

|| 5 ||

अवधू माया तजी न जाई।।
गिरह तजके बस्तर बाँधा
बस्तर तजके फेरी।।
काम तजेते क्रोध न जाई
क्रोध तजेते लोभा।
लोभ तजे अहंकार न जाई
मान बड़ाई सोभा।।
मन बैरागी माया त्यागी
शब्द में सुरत समाई
कहैं कबीर सुनो भाइ साधो
यह गम बिरलै पाई।। (49)

TELL me, Brother, how can I renounce Maya?

When I gave up the tying of ribbons, still I tied my garment about me:

When I gave up tying my garment, still I covered my body in its folds.

So, when I give up passion, I see that anger remains;

And when I renounce anger, greed is with me still;

And when greed is vanquished, pride and vainglory remain;

When the mind is detached and casts Maya away, still it clings to the letter.

Kabir says, 'Listen to me, dear Sadhu! the true path is rarely found. '

अवधू (अवधूत), माया का त्याग नहीं किया जाता है। गृह का त्याग कर वस्त्र बाँध लिया, वस्त्र छोड़कर (सामान की) फेरी लगाने लगा। काम का

त्याग करता हूँ तो क्रोध नहीं जाता। क्रोध छोड़ूँ तो लोभ पकड़ लेता है, लोभ छोड़ दूँ तो अहंकार नहीं मिटता, वह अपने मान, बड़ाई और शोभा का बखान करने लगता है। वैरागी मन ने माया का त्याग किया, किन्तु शब्द को (शास्त्र को) ही सब कुछ समझने लगा। कबीर कहते हैं, सुनो भाई साधु, यह गम (अनुभूति) विरला ही प्राप्त करता है।

।। 6 ।।

चंदा झलकै यहि घट माहीँ
अंधी आखन सूझै नाहीँ
यहि घट चंदा यहि घट सूर,
यहि घट गाजै अनहद तूर।।
यहि घट बाजै तबल निसान।
बहिरा शब्द सुनै नहि कान।।
जबलग मेरी मेरी करे
तबलग काज एकौ न सरे।
जब मेरी ममता मर जाय
तबलग प्रभु काज सवारै आय।।
ज्ञान के कारन करम कमाय।
होय ज्ञान तब करम नसाय।।
फल कारन फूलै बनराय।
फल लागै पर फूल सुखाय।।
मृगा पास कस्तूरी बास।
आप ना खोजै खोजै घास।। (62)

THE moon shines in my body, but my blind eyes cannot see it:

The moon is within me, and so is the sun.

The unstruck drum of Eternity is sounded within me; but my deaf ears cannot hear it.

So long as man clamours for the I and the Mine, his works are as naught:

When all love of the I and the Mine is dead, then the work of the Lord is done.

For work has no other aim than the getting of knowledge:

When that comes, then work is put away.

The flower blooms for the fruit: when the fruit comes, the flower withers.

The musk is in the deer, but it seeks it not within itself: it wanders in quest of grass.

इस घट (देह) में ही चाँद झलकता है, अन्धी आँखों (अज्ञानी) को यह दिखाई नहीं पड़ता। इस घट में ही चाँद है, इसी में सूर्य है, इसी घट में तूर्य का अनहद (असीम) नाद होता है। इस घर में तबले की आवाज होती है, लेकिन बहरा (अज्ञानी) इन शब्दों को कानों से सुन नही पाता। जब तक मेरी—मेरी का उच्चारण करेगा, तब तक एक भी काम नहीं सधेगा। जब मेरी की भावना और ममता (मोह) समाप्त हो जाएगी, तब प्रभु स्वयं आकर कार्य सँभाल लेते हैं। ज्ञान (प्राप्ति) के लिए ही कर्म किये जाते हैं, लेकिन जब ज्ञानोपलब्धि हो जाती है तब सांसारिक कर्मों का नाश हो जाता है। फल के लिए वनराजि फूलों से भर जाता है, लेकिन जब फल आते हैं तो फूल सूख जाते हैं। मृग के पास ही कस्तूरी है, किन्तु उसकी खुशबू को वह अपने भीतर न खोजकर उसे घासों में खोजता है।

|| 7 ||

साधो ब्रह्म अलख लखाया
जब आप आप दरसाया
बीज मद्ध ज्यों बृच्छा दरसै,
बृच्छा मद्धे छाया।।
ज्यों नभ मद्धे सुन्न देखिये,

सुन्न अनंत आकारा।
निःअच्छरते अच्छर तैसे,
अच्छर छर बिस्तारा।।
ज्यों रवि मद्धे किरन देखिये
किरण मध्य परकासा।
परमातम में जीव ब्रह्म इमि,
जीव मद्ध तिनि स्वाँसा।।
स्वाँसा मद्धे शब्द देखिये,
अर्थ शब्दके माहीँ।
ब्रह्मते जीव जीवते मन यों
न्यारा मिला सदाही।।
आपहि बीज बृच्छ अंकुरा,
आप फूल फल छाया।
आपहि सूर किरन परकासा,
आप ब्रह्म जिउ माया।।
अनंताकार सुन्न नभ आपै,
श्वाँस शब्द अरथाया।
निःअच्छर अच्छर छर आवै,
मन जीव ब्रह्म समाया।
आतम मैँ परमातम दरसै
परमातम मैँ झाँई।
झाँई में परछाई दरसै,
लखै कबीरा साईँ।। (64)

WHEN He Himself reveals Himself Brahma brings into manifestation That which can never be seen.

As the seed is in the plant, as the shade is in the tree, as the void is in the sky, as infinite forms are in the void—

So from beyond the Infinite, the Infinite comes; and from the Infinite the finite extends.

The creature is in Brahma, and Brahma is in the creature: they are ever distinct, yet ever united.

He Himself is the tree, the seed, and the germ.

He Himself is the flower, the fruit, and the shade.

He Himself is the sun, the light, and the lighted.

He Himself is Brahma, creature, and Maya.

He Himself is the manifold form, the infinite space;

He is the breath, the word, and the meaning.

He Himself is the limit and the limitless: and beyond both the limited and the limitless is He, the Pure Being.

He is the Immanent Mind in Brahma and in the creature.

The Supreme Soul is seen within the soul,

The Point is seen within the Supreme Soul,

And within the Point, the reflection is seen again.

Kabir is blest because he has this supreme vision!

साधु, ब्रह्म ने अपने आत्मस्वरूप का दर्शन कराकर अलख (निरंजन) का स्वरूप दिखाया। बीज के भीतर जैसे वृक्ष के दर्शन होते हैं, उसी प्रकार वृक्ष के मध्य छाया होती है। जैसे नभ में शून्य दिखायी पड़ता है, उसी प्रकार शून्य के अनन्त आकार हैं। जैसे निःअक्षर से अक्षर (की स्थिति) है, उसी प्रकार अक्षर से क्षर का विस्तार है। जैसे रवि के मध्य किरण दिखायी पड़ती है और किरण के मध्य प्रकाश होता है, उसी प्रकार परमात्मा में जीव–ब्रह्म, स्वांस में शब्द, शब्द में अर्थ की उप्लब्धि होती है। ब्रह्म में जीव, जीव में मन सर्वदा युक्त भी है और विमुक्त भी है। वह स्वयं बीज है, स्वयं वृक्ष तथा अंकुर है, स्वयं फूल–फल–छाया है। वे स्वयं सूर्य–किरण–प्रकाश हैं, स्वयं स्वाँस, शब्द और अर्थ हैं। वे स्वयं ही निःअक्षर क्षर हैं, उन्हीं में मन, जीवन और ब्रह्म समाये हुए हैं। (इस प्रकार से)

आत्मा में परमात्मा के दर्शन होते हैं, परमात्मा में उसकी छाया दिखायी पड़ती है, छाया में परछाईं दिखाई पड़ती है– कबीर यह सब देख रहे हैं।

|| 8 ||

इस घट अंतर बाग बगीचे
इसी में सिरजनहारा।
इस घट अंतर सात समुंदर
इसी में नौलख तारा।
इस घट अंतर पारस मोती,
इसी में परखनहारा।
इस घट अंतर अनहद गाजै,
इसी में उठत फुहारा।
कहत कबीर सुनो भाइ साधो,
इसी में साँई हमारा। (75)

WITHIN this earthen vessel are bowers and groves, and within it is the Creator:

Within this vessel are the seven oceans and the unnumbered stars.

The touchstone and the jewel-appraiser are within;

And within this vessel the Eternal soundeth, and the spring wells up.

Kabir says: 'Listen to me, my friend! My beloved Lord is within.'

इस घट (देह) में बाग–बगीचे हैं, इसी में सृजनहार हैं। इस घट में सात समुद्र हैं, इसी में नौ लाख तारे हैं। इस घट में पारसमणि है, इसी में (हीरे–मोती का) पारखी है। इस घट में अनहद का गर्जन (नाद) होता है,

इसी में (बारिस का) फुहारा उठता है। कबीर कहते हैं, सुनो भाई साधो, इसी में हमारा स्वामी रहता है।

॥ 9 ॥

ऐसा लो नहिँ तैसा लो,
मैं केहि बिधि कथौँ गंभीरा लो।
भीतर कहूँ तो जगमय लाजै,
बाहर कहूँ तो झूठा लो॥
बाहर भीतर सकल निरंतर,
चित उचित दउ पीठा लो।
दृष्टि न मुष्टि परगट अगोचर,
बातन कहा न जाई लो॥ (77)

O how may I ever express that secret word?

O how can I say He is not like this, and He is like that?

If I say that He is within me, the universe is ashamed:

If I say that He is without me, it is falsehood.

He makes the inner and the outer worlds to be indivisibly one;

The conscious and the unconscious, both are His footstools.

He is neither manifest nor hidden, He is neither revealed nor unrevealed:

There are no words to tell that which He is.

ऐसा लो नहीं तो तैसा लो, मैं कैसे ऐसी गम्भीर बात कहूँ। यदि कहूँ कि वह भीतर है तो सारा विश्वजगत् लज्जित होता है, यदि कहूँ कि बाहर है तो वह बात झूठी होगी, वे बाहर–भीतर दोनों में निरन्तर (विद्यमान)

हैं। चित–अचित (चेतन–अचेतन) ये दोनों उनके पादपीठ हैं। वे दृष्ट भी नहीं है अदृष्ट भी नहीं है– ये बातें कह कर समझाई नहीं जा सकती हैं।

।। 10 ।।

तोहि मोरि लगन लगाये रे फकिरवा।।
सोवत ही मैं अपने मंदिर में,
शब्द मार जगाये रे फकिरवा।।
बूड़त ही भवके सागर मैं
बँहिया पकर समुझाये रे फकिरवा।।
एकै बचन दूजै बचन नहिँ
तुम मोसे बंद छुड़ाये रे फकिरवा।।
कहैं कबीर सुनो भाइ साधो,
प्राणन प्रान लगाये रे फकिरवा।। (91)

To Thee Thou hast drawn my love, O Fakir!
I was sleeping in my own chamber, and Thou didst awaken me; striking me with Thy voice, O Fakir!
I was drowning in the deeps of the ocean of this world, and Thou didst save me: upholding me with Thine arm, O Fakir!
Only one word and no second—and Thou hast made me tear off all my bonds, O Fakir!
Kabir says, 'Thou hast united Thy heart to my heart, O Fakir!'

अरे फकीर, तुझसे मेरी लगन (प्रेम संबंध) लग गयी। मैं तो अपने गृह (संसार) में खो रही थी, तुमने (प्रेम के) शब्द वाण से मुझे जगाया। मैं तो भवसागर में डूब रही थी, तुमने मेरी बाँह पकड़ कर मुझे समझाया (ज्ञान प्रदान किया)। केवल एक ही वचन से–दूसरे की जरूरत नहीं पड़ी–

तुमने मेरे सारे बन्धन छुड़ा दिये। कबीर कहते हैं, सुनो भाई साधु, फकीर ने (मेरे) प्राणों से (अपने) प्राण लगा दिये।

।। 11 ।।

निसदिन खेलत रही सखियन संग
    मोहि बड़ा डर लागे।।
मोरे साहब की ऊँची अटरिया
    चढ़त में जियरा काँपे।।
जो सूख चहै तो लज्जा त्यागे
    पिया से हिलमिल लागे।
घूँघट खोल अंग भर भेटे,
    नैन आरती साजे।।
कहैं कबीर सुनो सखी मोर,
    प्रेम होय सो जाने।
निज प्रीतम की आस नहीं है,
    नाहक काजर पारे।। (101)

I PLAYED day and night with my comrades, and now I am greatly afraid.

So high is my Lord's palace, my heart trembles to mount its stairs: yet I must not be shy, if I would enjoy His love.

My heart must cleave to my Lover; I must withdraw my veil, and meet Him with all my body:

Mine eyes must perform the ceremony of the lamps of love.

Kabir says: ' Listen to me, friend: he understands who loves. If you feel not love's longing for your Beloved One, it is vain to adorn your body, vain to put unguent on your eyelids.'

मैं रात–दिन सखियों के साथ खेलती रही, मुझे बड़ा डर लगता है। मेरे साहब की अटरिया (अट्टालिका) बहुत ऊँची है, उसपर चढ़ने में हृदय काँप जाता है। यदि सुख चाहें तो लज्जा का त्याग करना होगा, प्रिय से हिलमिल कर रहना होगा। घूँघट खोल कर, नैनों की आरती सजा कर उनसे गले मिलना होगा। कबीर कहते हैं, हे सखी, सुनो, जिसे प्रेम होता है वही जानता है। अपने प्रियतम के आने की आशा नहीं है तो व्यर्थ में काजल लगाने से (शृंगार करने से) क्या होगा।

।। 12 ।।

हंसा कहो पुरातम बात,
कौन देस से आया हंसा
उतरना कौन घाट।
कहाँ हंसा बिसराम कियो है
कहाँ लगाये आस।।
अबही हंसा चेत सबेरा
चलो हमारे साथ।
संसय सोक वहाँ नहिं व्यापै,
नहीं काल कै त्रास।।
हुवाँ मदन बन फूल रहे हैं
आवे सोहँ बास।।
मन भौरा जहँ अरुझ रहे हैं
सुखकी ना अभिलास।। (119)

TELL me, O Swan, your ancient tale.

From what land do you come, O Swan? to what shore will you fly?

Where would you take your rest, O Swan, and what do you seek?

Even this morning, O Swan, awake, arise. follow me!

There is a land where no doubt nor sorrow have rule: where the terror of Death is no more.

There the woods of spring are abloom, and the fragrant scent He is I ' is borne on the wind :

There the bee of the heart is deeply immersed, and desires no other joy.

हे हंस पुरानी बात कहो, तुम किस देश से आये हो, किस घाट उतरना है। किस जगह तुमने विश्राम किया है, कहाँ आस लगाये बैठे हो। अब तो चेत जाओ, हमारे साथ चलो। वहाँ संशय, शोक कुछ भी व्याप्त नहीं होता, वहाँ काल का भय भी नहीं है। वहाँ मदन वन में फूल खिल रहे हैं, वहाँ से 'सोहम्' की सुगंध आ रही है। मन भौंरा वहाँ उलझ रहा है, उसे सुख की अभिलाषा नहीं है।

|| 13 ||

प्रीत उसी से कीजिये
जो ओर निभावे,
बिना प्रीतके मानुवा
कहिं ठौर न पावै।।
नाम सनेह जब मिलै
तबहीं सच पावै।
अजर अमर घर ले चलै
भव जल नहिं आवै।।
ज्यों पानी दरियाव का
दूजा न कहावै।
हिल मिल एको हो रहै
सतगुरु समुझावै।।
दास कबीर बिचार के
कहि कहि जतलावै।

आपा मिटै साहब मिलै
तब वह घर पावै।। (123)

O LORD Increate, who will serve Thee?

Every votary offers his worship to the God of his Own creation: . each day he receives service—

None seek Him, the Perfect: Brahma, the Indivisible Lord.

They believe in ten Avatars; but no Avatar can be the Infinite Spirit, for he suffers the results of his deeds :

The Supreme One must be other than this.

The Yogi, the Sanyasi, the Ascetics, are disputing one with another:

Kabir says, 'O brother! he who has seen that radiance of love, he is saved.'

प्रीति उसी से करें जो निर्वाह करे। बिना प्रीति के मन को कहीं ठौर नहीं मिलता। राम का स्नेह मिलने पर ही सच पाया जा सकता है। प्रीति तब अजर–अमर घर में ले जाती है, तब भव–जल में लौटना नहीं पड़ता। जैसे दरिया का पानी दरिया से भिन्न नहीं है, हिल–मिलकर एक साथ रहता है–सद्गुरु ऐसा ही समझाते हैं। कबीरदास विचार करके कहते हैं, आत्मभाव (अहंकार) मिटने पर ही उस घर को पाया जा सकता है।

|| 14 ||

दरियाकी लहर दरियाव है जी
दरिया और लहर मैं भिन्न कोयम्।
उठे तो नीर है बैठे तो नीर है
कहो जी दूसरा किस् तरह होयम्।।
उसी का फेर के नाम लहर धरा

लहर के कहे क्या नीर खोयम्।
जक्त ही फेर सब जक्त परमब्रह्म में
ज्ञान कर देख माल गोयम्।। (142)

The river and its waves are one surf: where is the difference between the river and its waves?

When the wave rises, it is the water; and when it falls, it is the same water again. Tell me, Sir, where is the distinction?

Because it has been named as wave, shall it no longer be considered as water?

Within the Supreme Brahma, the worlds are being told like beads :

Look upon that rosary with the eyes of wisdom.

दरिया की लहर ही दरिया है, दरिया और उसकी लहर में भिन्नता नहीं है। लहर उठे तो नीर है, बैठे तो भी नीर है, बताओ दूसरा कुछ कैसे हो सकता है। पलट कर उसी (जल) का नाम लहर रखा गया, नीर के खो जाने पर क्या उसे लहर कह सकते हैं। जो जगत् दिखता है, वही जगत् परब्रह्म में भी है, ज्ञान (चक्षु) के द्वारा सार वस्तु को देखो।

।। 15 ।।

जँह खेलत बसंत ऋतुराज
जहाँ अनहद बाजा बजै बाज।।
चहुँ दिस जोतिको बहै धार
बिरला जन कोई उतरे पार।।
कोटि कृष्ण जहाँ जोड़े हाथ
कोटि बिष्णु जहँ नवैं माथ।।
कोटिन ब्रह्मा पढ़ैं पुरान

कोटि महेश जहँ धरै ध्यान
कोटि सरस्वती धरै राग
कोटि इन्द्र जहँ गगन लाग।।
सूर गंधर्ब्ब मुनि गने न जायँ।
जहँ साहब प्रगटे आप आय।।
चौवा चंदन और अबीर
पुहुप बास रस रह्यो गंभीर।। (143)

WHERE Spring, the lord of the seasons, reigneth there the Unstruck Music sounds of itself,

There the streams of light flow in all directions;

Few are the men who can cross to that shore!

There, where millions of Krishnas stand with hands folded,

Where millions of Vishnus bow their heads,

Where millions of Brahmas are reading the Vedas,

Where millions of Shivas are lost in contemplation,

Where millions of Indras dwell in the sky,

Where the demigods and the munis are unnumbered,

Where millions of Saraswatis, Goddess of Music, play on the vina—

There is my Lord self-revealed: and the scent of sandal and flowers dwells in those deeps.

जहाँ ऋतुराज बसंत स्वयं खेल रहा है, वहाँ अनहद (असीम) का बाजा बज रहा है। वहाँ चारों ओर ज्योति की धारा बह रही है, कोई विरला ही उसमें पार उतर सकता है। जहाँ करोड़ों कृष्ण हाथ जोड़कर (खड़े)

रहते हैं, जहाँ करोड़ों विष्णु सिर नवाते हैं, करोड़ों ब्रह्मा पुराण पढ़ते हैं, करोड़ों महेश जहाँ ध्यान करते हैं, करोड़ों सरस्वती राग धारण करती है, जहाँ करोड़ों इन्द्र गगन में स्थित हैं, सुर, गंधर्व और मुनियों की गणना ही नहीं की जा सकती, वहाँ साहब (स्वामी) स्वतः प्रकट हो जाते हैं। (उनके स्वागत के लिए) चोवा, चंदन और अबीर (पर्याप्त) है, पुष्प वास गहन रस (की धार) संपूर्ण है।

|| 16 ||

झूलन

जहँ चेत अचेत खंभ दोऊ
मन रच्यो है हिंडोर।
तहँ झूलैं जीब जहान
जहँ कतहुँ नहि थिर ठौर।।
और चन्द सूर दोऊ झूलै
नाहीं पावै अंत
चौरासी लच्छहु जिव झूलैं
झूलैं रबि ससि धाय।।
कोटिन कल्प जुग बीतिया
आने न कबहुँ हाय।।
धरनी आकासहु दोऊ झूलै
झूलैं पबनहु नीर।
धरि देह हरि आपहु झूलैं
जो लखँही दास कबीर।। (144)

Between the poles of the conscious and the unconscious, there has the mind made a swing:

Thereon hang all beings and all worlds, and that swing never ceases its sway.

Millions of beings are there: the sun and the moon in their courses are there:

Millions of ages pass, and the swing goes on.

All swing! the sky and the earth and the air and the water; and the Lord Himself taking form:

And the sight of this has made Kabir a servant.

जहाँ चेतन और अचेतन के दो खंभे हैं, मन ने जहाँ झूला बाँधा है, वहाँ जीव और जगत् सभी झूलते हैं, उन्हें कहीं भी ठौर (स्थिरता) नहीं मिलती। वहाँ चंद्र–सूर्य दोनों झूलते हैं, लेकिन उन्हें अंत नहीं मिलता। वहाँ चौरासी लाख जीव झूलते हैं, रवि–शशि झूलने के लिए दौड़ कर आते हैं। करोड़ों कल्प और युग बीत गए, आज भी अन्यथा कुछ नहीं हुआ। धरती और आकाश दोनों झूलते हैं, पवन और नीर भी झूलते हैं। देह धारण कर हरि भी स्वयं झूलते हैं– कबीर यह सब देख रहे हैं।

।। 17 ।।

झूलन

ग्रह चन्द्र तपन जोत बरत है
सुरत राग निरत तार बाजै।
नौबतिया घुरत है रैन दिन सुन्नमें
कहैं कबीर पिऊ गगन गाजै।।

क्षण और पलक की आरती कौनसी
रैन दिन आरती बिस्व गावै।
धुरत निस्सान तहँ गैबकी झालरा
गैबकी घन्टका नाद आवै।।

कहैं कबीर तहँ रैन दिन आरती
जगत के तखत पर जगत साँई।।

कर्म और भर्म संसार सब करत है
पिवकी परख कोई प्रेमी जानै।
सुरत और निरत धार मनमैं पकड़कर
गंग और जमनके घाट आनै।।
नीर निर्म्मल तहाँ रैन दिन झरत है
जनम और मरन तब अंत पाई।।
देख वोजुदमैं अजब बिसराम है
होय मौजुद तो सही पावै।
सुरत की डोर सुख सिंध का झूलना
घोर की सोर तहँ नाद गावै।
नीर बिन कँबल तहँ देख अति फूलिया
कहैं कबीर मन भवर छावै।

चक्रके बीच में कँबल अति फूलिया
तासुका सुक्ख कोई संत जानै।
शब्दकी घोर चहु ओर होत है
असीम समुन्दर की सुक्ख मानै।
कहैं कबीर यूँ डूब सुख सिंधमैं
जन्म और मरनका भर्म भानै।।

पाँचकी प्यास तहँ देख पूरी भई
तीनकी ताप तहँ लगै नाहीं।
कहैं कबीर यह अगमका खेल है
गैबका चाँदना देश माहीं।।

जनम मरन जहाँ तारी परत है
होत आनंद तहँ गगन गाजै।
उठत झनकार तहँ नाद अनहद घुरै
तिरलोक महलके प्रेम बाजै।।
चन्द्र तपन कोटि दीप बरत है
तूर बाजै तहाँ संत झूलै।

प्यार झनकार तहँ नूर बरसत रहै
रस पीवै तहँ भक्त भूलै।।

जनम मरन बीच देख अन्तर नहीं
दच्छ और बाम यूँ एक आही।
कहैं कबीर जा सैन गूँगा तँई
बेद कतेबकी गम्म नाही।।

अधर आसन किया अगम प्याला पिया
जोगकी मूल गह जुगति पाई।
पंथ बिन जाय चल सहर बेगमपुरे
दया जगदेवकी सहज आई।।

ध्यान धर देखिया नैन बिन पेखिया
अगम अगाध सब कहत गाई।।
सहर बेगमपुरा गम्म को ना लहै
होय बेगम्म जो गम्म पावै
गुना की गम्म ना अजब बिसराम है
सैन जो लखै सोई सैन गावै।।

मुक्ख बानी तिको स्वाद कैसे कहै
स्वाद पावै सोइ सुक्ख मानै।
कहैं कबीर या सैन गूँगा तई
होय गूँगा जोइ सैन जानै।।

छक्याँ अबधूत मस्तान माता रहै
ज्ञान बैराग्य सुधि लिया पूरा।
श्ँवास उश्ँवास का प्रेम प्याला पिया
गगन गरजै जहाँ बजै तूरा।।

बिन तँतिया नाद गाता रहै
जतन जरना लिया सदा खेलै।
कहैँ कबीर प्रान प्रानसिंद्धमैँ मिलावे
परम सुखधाम तहँ प्रान मेलै।।

आठहु पहर मतवाल लागी रहै
आठहु पहर की छाक पीवै।
आठहु पहर मस्तान माता रहै
ब्रह्मके देहमैं भक्त जीवै।।

साँच की कहत और साँच ही गहत है
काँच कुँ त्याग कर साँच लागा।
कहैं कबीर यूँ भक्त निर्भय हुआ
जन्म और मरनका भर्म भागा।।

गगन गरजै जहाँ सदा पावस झरै
होत झनकार नित बजत तूरा।।

गगन के भवन में गैबका चान्दना
उदय और अंतका नाँर नाहीं।
दिबस और रैन तहँ नेक नहीं पाइये
प्रेम पर्कास के सिन्ध माहीँ।।

सदा आनंद दुःख दुन्द व्यापे नही
पूरनानन्द भरपूर देखा।
भर्म और भ्रान्ति तहँ नेक नहिं पाइये
कहैं कबीर रस एक पेखा।।

खेल ब्रह्माण्ड का पिण्ड में देखिया
जगत की भरम दूर भागी।
बाहरा भितरा एक आकाशवत
धरियामें अधर भरपूर लागी।।

देख दीदार मस्तान मैं होय रहौ
सकल भरपूर है नूर तेरा।
ज्ञान का थाल और प्रेम का दीपक है
अधर आसन किया अगम डेरा।
कहैं कबीर तहाँ कर्म भासै नहीं
जन्म और मरन का मिटा फेरा।। (145)

The light of the sun, the moon, and the stars shines bright:

The melody of love swells forth, and the rhythm of love's detachment beats the time.

Day and night, the chorus of music fills the heavens; and Kabir says,

'My Beloved One gleams like the lightning flash in the sky.'

Do you know how the moments perform their adoration?

Waving its row of lamps, the universe sings in worship day. and night,

There are the hidden banner and the secret canopy:

There the sound of the unseen bells is heard.

Kabir says: 'There adoration never ceases; there the Lord of the Universe sitteth on His throne.'

The whole world does its works and commits its errors: but few are the lovers who know the Beloved.

The devout seeker, is he who mingles in his heart the double 'currents of love and detachment, like the mingling of the streams of Ganges and Jumna;

In his heart the sacred water flows day and night; and thus the round of births and deaths is brought-to an end.

Behold what wonderful rest is in the Supreme Spirit! and he enjoys it, who makes himself meet for it.

Held by the cords of love, the swing of the Ocean of Joy sways to and fro; and a mighty sound breaks forth in song.

See what a lotus blooms there without water! and Kabir says,

My heart's bee drinks its nectar.'

What a wonderful lotus it is, that blooms at the heart of the spinning wheel of the universe! Only a few pure souls know of its true delight.

Music is all around it, and there the heart partakes of the joy of the Infinite Sea.

Kabir says: Dive thou into that Ocean of sweetness : thus let all errors of life and of death flee away.'

Behold how the thirst of the five senses is quenched there! and the three forms of misery are no more!

Kabir says : It is the sport of the Unattainable One: look within, and behold how the moonbeams of that Hidden One shine in you.'

There falls the rhythmic beat of life and death:

Rapture wells forth, and all space is radiant with light.

There the Unstruck Music is sounded; it is the music of the love of the three worlds.

There millions of lamps of sun and of moon are burning;

There the drum beats, and the lover swings in play.

There love-songs resound, and light rains in showers; and the worshipper is entranced in the taste of the heavenly nectar.

Look upon life and death; there is no separation between them,

The right hand and the left hand are one and the same.

Kabir says: ' There the wise man is speechless; for this truth may never be found in Vedas or in books.'

I have had my Seat on the Self-poised One,

I have drunk of the Cup of the Ineffable,

I have found the Key of the Mystery,

I have reached the Root of Union.

Travelling by no track, I have come to the Sorrowless Land: very easily has the mercy of the great Lord come upon me.

They have sung of Him as infinite and unattainable: but I in my meditations have seen Him without sight.

That is indeed the sorrowless land, and none know the path that leads there:

Only he who is on that path has surely transcended all sorrow.

Wonderful is that land of rest, to which no merit can win;

It is the wise who has seen it, it is the wise who has sung of it.

This is the Ultimate Word: but can any express its marvellous savour? He who has savoured it once, he knows what joy it can give.

Kabir says: ' Knowing it, the ignorant man becomes wise, and the wise man becomes speechless and silent,

The worshipper is utterly inebriated,

His wisdom and his detachment are made perfect;

He drinks from the cup of the inbreathings and the outbreathings of love.'

There the whole sky is filled with sound, and there that music is made without fingers and without strings;

There the game of pleasure and pain does not cease.

Kabir says: ' If you merge your life in the Ocean of Life, you will find your life in the Supreme Land of Bliss.'

What a frenzy of ecstasy there is in every hour! and the worshipper is pressing out and drinking the essence of the hours: he lives in the life of Brahma.

I speak truth, for I have accepted truth in life; I am now attached to truth, I have swept all tinsel away.

Kabir says: ' Thus is the worshipper set free from fear; thus have all errors of life and of death left him.'

There the sky is filled with music:

There it rains nectar :

There the harp-strings jingle, and there the drums beat.

What a secret splendour is there, in the mansion of the sky!

There no mention is made of the rising and the setting of the sun;

In the ocean of manifestation, which is the light of love, day and night are felt to be one.

Joy for ever, no sorrow, no struggle! There have I seen joy filled to the brim, perfection of joy;

No place for error is there.

Kabir says: ' There have I witnessed the sport of One Bliss!'

I have known in my body the sport of the universe: I have escaped from the error of this world.

The inward and the outward are become as one sky, the Infinite and the finite are united: I am drunken with the sight of this All!

This light of Thine fulfils the universe: the lamp of love that burns on the salver of knowledge.

Kabir says: There error cannot enter, and the conflict of life and death is felt no more.'

ग्रह, चंद्र, सूर्य की ज्योति जल रही है, सुरति (प्रेम) का राग और निरति (वैराग्य) के तार बज रहे हैं। नौबतिया (नौबत/नगाड़ा बजाने वाला) रात–दिन शून्य में घूम रहा है। कबीर कहते हैं, प्रिय गगन में (बादलों के समान) गर्जन कर रहे हैं।

क्षण और पलक की कौन सी आरती है, जिसे विश्व रात–दिन गा रहा है। वहाँ उस अपरोक्ष का निशान (पताका) घूम रहा है जिसमें झालर लगे हुए हैं, (अपरोक्ष) के घंटे की आवाज आ रही है। कबीर कहते हैं,वहाँ रात–दिन आरती हो रही है, जगत् के तख्त पर जगत् के स्वामी विराजमान हैं।

संसार में सभी लोग कर्म और भ्रम के वशीभूत हैं, पिव की परख तो कोई प्रेमी ही जानता है। (साधक) सुरति (प्रेम) और निरति (वैराग्य) की धारा पकड़कर गंगा और यमुना के घाट पहुँचता है। वहाँ रात–दिन निर्मल नीर झरता है, तब जन्म और मृत्यु के रहस्य को जाना जा सकता है।

देखो (परमात्मा के) वजूद (अस्तित्व) में अजब विश्राम है, जो वहाँ मौजूद (उपस्थित) होता है वही उसे प्राप्त करता है। सुरति (प्रेम) की डोर और सुख–सिंधु का झूला है, घोर शोर करते हुए वहाँ नाद (शब्द) का गायन होता है। नीर के बिना ही वहाँ कमल खिलता है। कबीर कहते हैं, वहाँ मन रूपी भौंरा छाने लगता है।

(विश्व) चक्र के बीच में एक अति सुन्दर कमल खिला है। उसका सुख कोई सन्त ही जानता है। शब्द की घोर (आवाज) चारों ओर हो रही है। मन असीम समुद्र के सुख का अनुभव कर रहा है। कबीर कहते हैं, (संतजन) इस तरह सुख के सागर मे डूब कर जन्म और मृत्यु के भ्रम को तोड़ते हैं।

देखो, जहाँ पाँच (पंचेन्द्रियों) की प्यास पूरी हो गयी, वहाँ तीन का (निर्गुण) ताप नहीं लगता। कबीर कहते हैं, यह अगम खेल है, देश के (अंतर में) उस गैब की (प्रच्छन्न/अपरोक्ष सत्ता) चाँदनी दिखाई पड़ रही है।

जन्म और मृत्यु में वहाँ तारी (एकात्म) पड़ गयी, वहाँ गगन में आनंद की गर्जना होने लगती है। नाद (शब्द) में अनहद (असीम) की झंकार गूँजने लगती है। त्रिलोक महल में प्रेम (का वाद्य) बजने लगता है। वहाँ चंद्र और सूर्य के करोड़ों दीप जलते हैं, तूर्य बज रहे हैं, और संत (झूला) झूल रहे हैं। प्यार की झंकार सुनाई पड़ती है, नूर की वर्षा हो रही है, भक्तजन तल्लीन होकर (अमृत) रस का पान कर रहे हैं। वहाँ जन्म–मरण के बीच कोई अंतर नहीं दिखता, दक्षिण (साधना) और वाम (साधना) तो एक ही है। कबीर कहते हैं, ज्ञानी वहाँ गूंगे (निर्वाक) हैं, वेद–कुरान की भी कोई परवाह नहीं है।

अधर (पकड़ में न आने वाला) को हमने आसन बनाया, अगम (समझ में न आने वाला) का प्याला पिया। योग के मूल (सार) को हमने युक्ति द्वारा ग्रहण किया। बिना पथ के ही मैं उस बेगमपुर (जहाँ कोई गम नहीं है) पहुँचा, जगदेव की दया सहज रूप से हो गयी। जिसे सभी अगम–अगाध कहते हैं उसे हमने ध्यान कर के देखा, बिना नयन के ही उन्हें परखा। बेगमपुर शहर में किसी को कोई गम नहीं। जो गम में रहता हैं, वह भी यहाँ बेगम हो जाता है। सुना है वहाँ कोई गम नहीं, अजब विश्राम है। जिसने उसे देखा वह सयाना (ज्ञानी) है, और वह सयाना उसी के गीत गाता है।

मुख्य वह वाणी है, उसके स्वाद का वर्णन कैसे किया जाए। जो उसका स्वाद पाता है वही सुख को समझ सकता है। कबीर कहते हैं, (उसे समझ कर) गूँगा सयाना हो जाता है और सयाना गूँगा (निर्वाक) हो जाता है।

अवधूत ने छक कर (अमृत रस) का पान किया और प्रेम में मत्त हो गया। उसने अपने ज्ञान और वैराग्य का शोधन कर लिया। उसने श्वाँस और प्रश्वाँस के प्रेम का प्याला पिया, अब वहाँ गगन में गर्जन हो रहा है, तुर्य बज रहा है।

बिना तंत्रिका (वाद्य) के वहाँ नाद का गायन हो रहा है, यत्नपूर्वक वह (प्रेम का) खेल सदा खेल रहा है। कबीर कहते हैं, यदि प्राण को प्राणसिंधु में मिला दिया जाए तो परम सुखधाम में प्राण प्रसारित हो जाता है।

वहाँ आठों प्रहर मत्तता लगी हुई है, आठों प्रहर (साधक) छककर पीता है। आठों प्रहर मस्तान (साधक) मत्त (साधना में लीन) रहता है, ब्रह्म की देह में ही भक्त जीवित रहता है।

वह सच ही कहता है और सच ही ग्रहण करता है, काँच (कच्चा या शीशा, नकली) को त्याग कर वह सच्चे (असली) में लग गया। कबीर कहते हैं, इस प्रकार भक्त निर्भय हो गया, जन्म और मृत्यु का भ्रम भाग गया।

वहाँ गगन में गर्जन हो रहा है, सदा पावस झर रहा है, तूर्य बज रहा है, नित्य झंकार हो रही है। गगन के भवन में दैवी चाँदनी (प्रकाशित) है। वहाँ उदय और अस्त का नाम मात्र नहीं है। प्रेम–प्रकाश के सिन्धु (समुद्र) में वहाँ न तनिक दिवस है न रात।

वहाँ सर्वदा आनन्द है, दुःख–द्वन्द्व की व्याप्ति नहीं है। (मैंने) परमानंद को भरपूर देखा। भ्रम और भ्रांति तो वहाँ तनिक भी नहीं है, कबीर कहते हैं, वहाँ मैंने एक के प्रेम (रस) का पान किया।

जब मैंने पिंड में ब्रह्माण्ड के खेल को देख लिया, तब जगत् का भ्रम दूर भाग गया। बाहर–भीतर वह एक आकाशवत् है। उस अधर (असीम) को मैंने ससीम (पिंड) में परिपूर्ण रूप से पा लिया है।

प्रभु के दीदार (दर्शन) से मैं मस्तान (मत्त) हो गया। उसका नूर ही सर्वत्र प्रकाशित है। यहाँ ज्ञान की थाल और प्रेम का दीपक है। अधर

(असीम–अरूप) के आसन पर अगम का डेरा है। कबीर कहते हैं, वहाँ भ्रम की छाया भी नहीं, जन्म और मृत्यु का चक्र समाप्त हो गया।

॥ 18 ॥

मद्ध अकास आप जहँ बैठे,
जोत शब्द उजियारा हो॥
सेत सरूप राग जहँ फूले
साँई करत बिहारा हो।
कोटिन सूर चन्द छिप जैहे
एक रोम उजियारा हो॥
वही पार एक नगर बसतु है
बरसत अमृत धारा हो।
कहैं कबीर सुनो धर्म्मदासा
लखो पुरुष दरबारा हो॥ (148)

The middle region of the sky, wherein the spirit dwelleth, is radiant with the music of light;

There, where the pure and white music blossoms, my Lord takes His delight.

In the wondrous effulgence of each hair of His body, the brightness of millions of suns and of moons is lost.

On that shore there is a city, Where the rain of nectar pours and pours, and never ceases.

Kabir says: ' Come, O Dharmadas! and see my great Lord's Durbar.'

मध्य आकाश में वे स्वयं ही विराजमान हैं, जहाँ ज्योति शब्द का उजाला है। श्वेत स्वरूप का राग जहाँ पर प्रस्फुटित है, वहाँ स्वामी विहार करते हैं। उनकी एक लोम (रोवाँ) के प्रकाश से करोड़ों सूर्य–चंद्र

छिप जाएँगे। उसी पार नगर बसा है, जहाँ अमृत की धारा बरस रही है। कबीर कहते हैं, सुनो धर्मदास प्रभु के दरबार को देख लो।

।। 19 ।।

परमातम गुरु निकट बिराजै
जाग जाग मन मेरे।।
धायके पीतम चरनन लागै
साईं खड़ा सिर तेरे।।
जुगन जुगन तोहि सोवत बीता
अजहुँ न जाग सबेरे।। (115)

O my heart! the Supreme Spirit, the great Master, is near you: wake, oh wake!

Run to the feet of your Beloved: for your Lord stands near to your head.

You have slept for unnumbered ages; this morning will you not wake?

परमात्मा गुरु निकट विराजमान है, हे मेरे मन, अब तो जगो। दौड़ कर प्रीतम के चरणों में लगो, स्वामी तुम्हारे सिर पर खड़े हैं। तुम्हें सोते हुए युग बीत गये, सवेरा हो गया है, अब तो जागो।

।। 20 ।।

मन तू पार ऊतर कँह जैहौ।
आगे पंथी पंथ न कोई
कुच मुकाम न पैहो।।
नहि तहँ नीर नाव नहिँ खेवट
ना गुण खैचन हारा।

धरणी गगन कल्प कछु नाहीं
  ना कछु बार न पारा।
नहिं तन नहिं मन अपन पौ
  सुन में सुद्ध न पैहौं।
बलीवान होय पैठो घट में
  वाहीं ठौरैं होइहो।।
बार हि बार बिचार देख मन
  अंत कहूँ मत जैहौ।
कहैं कबीर सब छाड़ि कल्पना
  ज्यौं का त्यौं ठहरैहो।। (118)

To what shore would you cross, O my heart? there is no traveller before you, there is no road:

Where is the movement, where is the rest, on that shore?

There is no water; no boat, no boatman is there;

There is not so much as a rope to tow the boat, nor a man to draw it.

No earth, no sky, no time, no thing, is there: no shore, no ford!

There, there is neither body nor mind: and where is the place that shall still the thirst of the soul? You shall find naught in that emptiness.

Be strong, and enter into your own body: for there your foothold is firm. Consider it well, O my heart! go not elsewhere.

Kabir says: ' Put all imagination away, and stand fast in that which you are.'

अरे मन, तुम पार उतर कर कहाँ जाओगे! न कोई पथ है न पथिक है, न कोई मुकाम (लक्ष्य) है, जहाँ कूच करना (रवाना होना) है। न वहाँ नीर है न नाव है, न खेवक और न ही रस्सी को खींचने वाला। वहाँ

धरणी, गगन, कल्प कुछ भी नहीं है, न इस पार कुछ है और न उस पार। वहाँ न तन है, न मन है, न अपनापा है। शून्य में शुद्ध (वस्तु) कैसे पावोगे। बलवान होकर घट में प्रवेश करो, उसी में ठौर–ठिकाना मिलेगा। अरे मन, बार–बार विचार कर देखो, अंत में कहीं मत जाना, कबीर कहते हैं, सारी कल्पनाएँ छोड़कर ज्यों के त्यों स्थिर हो जाओ।

।। 21 ।।

घर घर दीपक बरै
लखै नहिँ अंध है।
लखत लखत लखि परै
कटै जम फन्द है।
कहन सुनन कछु नाहिँ
नहीं कछु करण है।
जीते ही मरि रहै
बहुरि नहिं मरण है।।
जोगी पड़े बिजोग
कहैं घर दूर है।
पासहि बसत हजूर
तू चढ़त खजूर है।।
ब्राह्मण दिच्छा देता
घर घर घालि है।
मूर सजीबन पास
तू पाहन पालि है।।
ऐसन साहब कबीर
सलोना आप है।
नहीं जोग नहिं जाप
पुन्न नहि पाप है।। (126)

Lamps burn in every house, O blind one! and you cannot see them.

One day your eyes shall suddenly be opened, and you shall see: and the fetters of death will fall from you.

There is nothing to say or to hear, there is nothing to do: it is he who is living, yet dead, who shall never die again.

Because he lives in ,solitude, therefore the Yogi says that his home is far away.

Your Lord is near: yet you are climbing the palmtree to seek Him.

The Brahman priest goes from house to house and initiates people into faith:

Alas! the true fountain of life is beside you, and you have set up a stone to worship.

Kabir says : I may never express how sweet my Lord is. Yoga and the telling of beads, virtue and vice—these are naught to Him.'

घर–घर (ज्ञान का) दीपक जल रहा है, लेकिन अंधे (अज्ञानी) उसे देख नहीं पाते। देखते–देखते ही (साधना) वह दिखाई पड़ता है, जब यम का फंदा कट जाता है। जीवित रहते ही वह मृतक (संसार से विलग) के समान रहता है, उसे पुनः मरना नहीं पड़ता। जो योगी (साधक) है, वह (प्रभु के) वियोग में पड़ा है, कहता है घर दूर है। हुजूर तो तेरे पास ही निवास करते हैं और तू उन्हें ढूँढने के लिए खजूर पेड़ पर चढ़ता है। ब्राह्मण घर–घर दीक्षा देता फिरता है, लेकिन संजीवन का पौधा तो तेरे पास ही है, और तू पत्थर की प्रतिष्ठा करता है। कबीर के प्रभु ऐसे सलोने सुंदर हैं, जहाँ योग–जप, पुण्य–पाप कुछ भी नहीं है।

|| 22 ||

साधो सो सतगुर मोहिँ भावै।
सत्तप्रेम का भर भर प्याला
आप पिवै मोहि प्यावै।।
परदा दूर करै आँखिन का
ब्रह्म दरस दिखलावै।
जिस दरस मैं सब लोक दरसै
अनहद शब्द सुनावै।।
एकहि सब सुख दुख दिखावै
शब्द में सुरत समावै।
कहैं कबीर ताको भय नाहीँ
निर्भय पद परसावै।। (129)

O brother, my heart yearns for that true Guru, who fills the cup of true love, and drinks of it himself, and offers it then to me.

He removes the veil from the eyes, and gives the true Vision of Brahma:

He reveals the worlds in Him, and makes me to hear the Unstruck Music:

He shows joy and sorrow to be one:

He fills all utterance with love.

Kabir says : Verily he has no fear, who has such a Guru to lead him to the shelter of safety!'

हे साधु, वही सत्‌गुरु मुझे अच्छे लगते हैं जो सत्य प्रेम का प्याला भर–भर कर स्वयं पीते हैं और मुझे भी पिलाते हैं। जो आँखों का परदा दूर कर ब्रह्म का दर्शन कराते हैं, जिस दर्शन में समस्त लोक का दर्शन होता

है और अनहद (असीम) का शब्द (संगीत) सुनाई पड़ता है। वे समस्त सुख–दुख को एक (समान) रूप से दिखाते हैं, और शब्द में ही सुरति (प्रेम) का समावेश कराते हैं। कबीर कहते हैं, (जिसने) ऐसे सद्गुरु को पा लिया है, उसे अब कोई भय नहीं है, वह (निश्चय ही) निर्भय पद को प्राप्त करेगा।

|| 23 ||

तिंविर साँझ का गहिरा आवै
छावै प्रेम मन तनमें।।
पश्चिम दिसकी खिड़की खोलो
डूबहु प्रेम गगनमें।
चेत–कंवल–दल रस पियोरे
लहर लेहु या तनमें।।
संख घंट सहनाइ बाजै
सोभा सिंध महलमें।
कहैं कबीर सुनो भाई साधो
अमर साहब लख घट में।। (131)

The shadows of evening fall thick and deep, and the darkness of love envelops the body and the mind.

Open the window to the west, and be lost in the sky of love;

Drink the sweet honey that steeps the petals of the lotus of the heart.

Receive the waves in your body: what splendour is in the region of the sea!

Hark! the sounds of conches and bells are rising.

Kabir says: O brother, behold! the Lord is in this vessel of my body.'

साँझ का अँधेरा गहराता जा रहा है, तन और मन में भी वह छाता जा रहा है। पश्चिम दिशा की खिड़की खोल दो और प्रेम के गगन में डूब जाओ। चित्त कमल–दल का रसपान करो और इस देह में ही उस लहर को ग्रहण करो। सिंधु महल की कैसी शोभा है। वहाँ शंख–घंटा और शहनाई बज रही है। कबीर कहते हैं, सुनो भाई साधु, इस घट (देह) में ही अमर साहब (स्वामी) का अनुभव करो।

।। 24 ।।

जिस्से रहनि अपार जगतमैं
सो प्रीत मुझे पियारा हो।।
जैसे पुरइन रहि जल भीतर
जलहिमें करत पसारा हो।
वाके पानी पत्र न लागै
ढरकी चलै जस पारा हो।।
जैसे सती चढ़ै अगिन पर
प्रेम बचन न टारा हो।।
आप जरै औरनको जारै
राखै प्रेम मरिजादा हो।।
भव सागर एक नदी अगम है
अहद अगाह धारा हो।
कहैं कबीर सुनो भाई साधो
बिरले उतरे पारा हो।। (137)

More than all else do I cherish at heart that love which makes me to live a limitless life in this world.

It is like the lotus, which lives in the water and blooms in the water: yet the water cannot touch its petals, they open beyond its reach.

It is like a wife, who enters the fire at the bidding of love.

She burns and lets others grieve, yet never dishonours love.

This ocean of the world is hard to cross: its waters are very deep.

Kabir says: Listen to me, O Sadhu! few there are who have reached its end.'

मुझे वही प्रीत प्यारा है जिससे अपार जगत् में 'रहनि' (जीवन शैली) सुगम हो सके। जैसे पुरइन (कमल या कमल का पत्ता) जल में रहकर, जल के भीतर ही अपना प्रसार करता है। पत्तों पर पानी का कोई असर नहीं होता, वह जल को ठेलते हुए आगे बढ़ जाता है। इसी प्रकार जैसे सती (अपने प्रिय के) प्रेम–वचन का निर्वाह करने के लिए अग्नि (चिता) पर चढ़ जाती है और स्वयं जलती है तथा दूसरों को भी जलातो है, लेकिन प्रेम की मर्यादा का पालन करती है। भवसागर एक अगम नदी है जहाँ अहद (असीम) की अगाध धारा (बहती) है। कबीर कहते हैं, सुनो भाई साधु, कोई विरला ही इस (भवसागर) से पार उतर सकता है।

।। 25 ।।

हरिने अपना आप छिपाया।
हरिने नफीज कर दिखराया।।
हरिने मुझे कठिन बिच घेरी।
हरिने दूबिधा काटी मेरी
हरिने सुख दुख बतलाये।
हरिने सब दुन्द मिटाये।।
ऐसे हरि पे तन मन बारूँ।
प्राण हि तजूँ हरि नहिं बिसारूँ।। (135)

MY Lord hides Himself, and my Lord wonderfully reveals Himself:

My Lord has encompassed me with hardness, and my Lord has cast down my limitations.

My Lord brings to me words of sorrow and words of joy, and He Himself heals their strife.

I will offer my body and mind to my Lord: I will give up my life, but never can forget my Lord!

हरि ने अपना स्वरूप छिपा लिया। पुनः हरि ने ही अपना सुंदर रूप (नफीज) दिखाया। हरि ने मुझे कठिनाइयों में डाल दिया। पुनः हरि ने ही मेरी दुविधा को दूर किया। हरि ने ही मुझे सुखः–दुख का (वास्तविक) रूप बताया, हरि ने ही मेरे मन का द्वन्द्व समाप्त किया। ऐसे हरि पर मैं तन–मन से न्योछावर हूँ। मैं अपना प्राण त्याग कर सकता हूँ, लेकिन हरि को विस्मृत नहीं कर सकता।

|| 26 ||

ओंकार सबै कोई सिरजै
राग स्वरूपी अंग।
निराकार निर्गुन अबिनासी
कर वाहीं को संग।।
नाम निरंजन नैनन मद्धे
नानारूप धरंत।
निरंकार निर्गुन अबिनासी
अपार अथाह अंग।।
महा सुक्ख मगन होइ नाचै
उपजै अंग तरंग।
मन और तन थिर न रहतु है
महा सुक्ख के संग।।
सब चेतन सब अनंद
सब दुःख गहंत।
काहाँ आदि काहाँ अंत आप
सुक्ख बिच धरंत। (147)

ALL things are created by the Om;

The loveform is His body.

He is without form, without quality, without decay:

Seek thou union with Him!

But that formless God takes a thousand forms in the eyes of His creatures:

He is pure and indestructible,

His form is infinite and fathomless,

He dances in rapture, and waves of form arise from His dance.

The body and the mind cannot contain themselves, when they are touched by His great joy.

He is immersed in all consciousness, all joys, and all sorrows;

He has no beginning and no end;

He holds all within His bliss.

ओंकार ने सब कुछ की सृष्टि की है। उनका अंग रागस्वरूप है। निराकार, निर्गुण, अविनाशी हैं, उसी का साथ पकड़। उनका नाम निरंजन है, लेकिन नयनों में वे नानारूप धारण करते हैं। उस निराकार, निर्गुण, अविनाशी के अंग अथाह–अपार हैं। वे महासुख में मगन होकर नृत्य करते हैं, उनके अंगों में तरंग उठ रही है। महासुख के साथ रहने पर (साधक के) मन और तन दोनों ही स्थिर नहीं रहते हैं। वे समस्त चेतना, समस्त आनंद, समस्त दुःख को ग्रहण करते हैं। कहाँ आदि है, कहाँ अंत है, वे सब कुछ को अपने सुख के बीच ग्रहण करते हैं।

|| 27 ||

सतगुर सोई दया कर दीन्हा।
    ताते अनचिन्हार मैं चीन्हा।।
बिन पग चलना बिन पग उड़ना
    बिना चूँचका चुगना।
बिना नैनका देखन पेखन
    बिन सरवन का सुनना।।
चन्द न सूर दिवस नहिं रजनी
    तहाँ सुरत लौ लाई
बिना अन्न अमृत रस भोजन
    बिन जल तृषा बुझाई।।
जहाँ हरष तहँ पूरण सुख है
    यह सुख कासो कहना।
कहै कबीर बल बल सतगुरुकी
    धन्न सिष्यका लहना।। (151)

IT is the mercy of my true Guru that has made me to know the unknown;

I have learned from Him how to walk without feet, to see without eyes, to hear without ears, to drink without mouth, to fly without wings;

I have brought my love and my meditation into the land where there is no sun and moon, nor day and night.

Without eating, I have tasted of the sweetness of nectar, and without water, I have quenched my thirst.

Where there is the response of delight, there is the fullness of joy. Before whom can that joy be uttered?

Kabir says: ' The Guru is great beyond words, and great is the good fortune of the disciple.'

सत्गुरु ने मुझ पर दया की, जिससे मैंने अनजाने को भी जान लिया। वह बिना पग के चलता है, बिना पर के उड़ता है, बिना चोंच के चुगता है, बिना नैन के देखता है, बिना कानों के सुनता है। वहाँ न सूर्य है, न दिन है, न रात है। वहाँ सुरति (प्रेम) का ध्यान लग गया। बिना अन्न के ही अमृत रस का भोजन किया, बिना पानी के ही अपनी प्यास बुझाई। जहाँ हर्ष है वहाँ पूर्ण सुख है, इस सुख की बात किससे कही जाए। कबीर कहते हैं, सद्‌गुरु की बलिहारी है जिसके कारण शिष्य के धन्य भाग हैं।

।। 28 ।।

निरगुन आगे सरगुन नाचै
बाजै सोहंग तूरा।
चेला के पाँव गुरुजी लागैं
यही अचम्भा पूरा।। (154)

BEFORE the Unconditioned, the Conditioned dances:
'Thou and I are one!' this trumpet proclaims.
The Guru comes, and bows down before the disciple:

This is the greatest of wonders.

निर्गुण के आगे सगुण नृत्य करता है, सोहं (हम तुम एक हैं) का तुर्य बज रहा है। गुरु आकर चेला के पाँव पड़ रहे हैं, यह तो भारी अचंभा है।

।। 29 ।।

प्रश्न।। कबीर कबसे भये बैरागी
तुम्हरी सुरति कहाँको लागो।।

उत्तर।। बइचित्रा का मेला नाहीं,
नहीं गुरु नहिँ चेला।
सकल पसारा जिन दिन नाहीँ
जिहि दिन पुरुष अकेला।।
गोरख हम तब के अही बैरागी।
हमरी सुरत ब्रह्मसे लागी।।
ब्रह्मा नहिँ जब टोपी दीन्हा
बिस्नु नहीँ जब टीका।
सिव सक्ती कै जन्मौ नाहीँ
जबै जोग हम सीखा।।
कासीमैँ हम प्रगट भये हैँ
रामानन्द चेताये।
प्यास अहद की साथ हम लाये
मिलन करनको आये।।
सहजै सहजै मेला होइगा
जागी भक्ति उतंगा।
कहैँ कबीर सुनो हो गोरख
चलो गीतके संगा।। (156)
(प्रश्न गोरखनाथ के)

GORAKHNATH asks Kabir:

'Tell me, O Kabir, when did your vocation begin? Where did your love have its rise?'

Kabir answers:

When He whose forms are manifold had not begun His play: when there was no Guru, and no disciple: when the world was not spread out: when the Supreme One was alone—

Then I became an ascetic; then, O Gorakh, my love was drawn to Brahma.

Brahma did not hold the crown on his head; the god Vishnu was not anointed as king; the power of Shiva was still unborn; when I was instructed in Yoga.

'I became suddenly revealed in Banaras, and Ramananda illumined me;

I brought with me the thirst for the Infinite, and I have come for the meeting with Him.

In simplicity will I unite with the Simple One; my love will surge up.

O Gorakh, march thou with His music!'

प्रश्न– हे कबीर, तुम कब से बैरागी हो गए तुम्हारी सुरति (प्रेम) कहाँ लगी?

उत्तर– (मेरी सुरति तब से है) जब से वैचित्र्य का मेला नहीं था, न गुरु थे, न चेला था। जगत् में जब सकल का प्रसार नहीं था, जब पुरुष अकेला था। हे गोरख, हम तब के वैरागी हैं, जब से हमारी सुरति ब्रह्म से लगी है। ब्रह्मा ने जब मुकुट नहीं पहना था, विष्णु ने जब टीका नहीं लगाया थी, जब शिव–शक्ति का जन्म नहीं हुआ था, तब हमने योग सीख लिया था। हम काशी में प्रकट हुए और रामानंद ने हमें सचेत किया था। अहद (असीम) की प्यास तो हम साथ लाए थे, हम मिलन करके आये। सहज से सहज का मिलन होगा, उछ्वसित भक्ति जगेगी। कबीर कहते हैं, हे गोरख सुनो! (तुम भी) इस गीत के साथ चलो (ऐसा ही आचरण करो)।

|| 30 ||

जा तरिवर में एक पखेरू
भोग सरस वह डोलै रे।
वाकी सन्ध लखैं नहिँ कोई
कौन भावसो बोलैरे।।
दुर्म्म डार तहँ अति घन छाया
पंछी बसेरा लेई रे।
आवै साँज उड़ि जाय सबेरा
मरम न काहु देई रे।।
सो पंछी मोहिँ कोई न बतावै
जो बोलै घटमाहीँ रे।
अबरन बरन रूप नहि रेखा
बैठा प्रेम के छाहीँ रे।।
अगम अपार निरन्तर बासा
आवत जात न दीसा रे।
कहैँ कबीर सुनो भाई साधो
रह कुछ अगम कहानी रे।
या पंछी के कौन ठौर है।
बुझो पंडित ज्ञानी रे।। (161)

ON this tree is a bird: it dances in the joy of life.

None knows where it is: and who knows what the burden of its music may be?

Where the branches throw a deep shade, there does it have its nest:, and it comes in the evening and flies away in the morning, and says not a word of that which it means.

None tell me of this bird that sings within me.

It is neither coloured nor colourless: it has neither form nor outline:

It sits in the shadow of love. It dwells within the Unattainable, the Infinite, and the Eternal; and no one marks when it comes and goes.

Kabir says: ' O brother Sadhii'! deep is the mystery. Let wise men seek to know where rests that bird.'

उस तरुवर पर एक पक्षी है, सरस संभोग में वह नृत्य कर रहा है। उस पक्षी का संधान कोई नहीं जानता कि वह किस भाव–रस का गान कर रहा है। जहाँ द्रुम (तरु) की अति घनी छाया है, पक्षी ने वहीं बसेरा बनाया है। वह सांझ के समय आता है और सवेरे उड़ जाता है, उसका मर्म कोई नहीं जानता। जो पक्षी अपने घट (देह) में ही बोलता है, उसकी बात मुझे कोई नहीं बताता। वह न अवर्ण है, न वर्ण, उसके न रूप है न रेखा, वह प्रेम की छाँव में बैठा है। अगम, अपार, निरंतर नें उसका निवास है। आते–जाते वह दिखता भी नहीं है। कबीर कहते हैं, सुनो भाई साधु, यह पंछी की अजब कहानी है। उस पंछी का ठौर (ठिकाना) कहाँ है, पंडित और ज्ञानी इसे समझ लें।

|| 31 ||

निस दिन सालै घाव
नींद आवै नहीँ।
पिया मिलन की आस
नैहर भावै नहीं।।
खुल गये गगन किवाड़
मंदिर उजियार भयो
भयो है पुरुष से भेट
तन मन वार दयो।। (164)

A SORE pain troubles me day and night, and I cannot sleep;

I long for the meeting with my Beloved, and my father's house gives me pleasure no more.

The gates of the sky are opened, the temple is revealed:

I meet my husband, and leave at His feet the offering of my body and my mind.

रात–दिन वह घाव सालता (दर्द देता) रहता है, नींद नहीं आती। प्रिय से मिलने की आशा में नैहर (मायका) मुझे नहीं भाता है। गगन के कपाट खुल गए, मंदिर में उजाला फैल गया। पुरुष (प्रिय) से भेंट हो गयी, मैंने अपना तन–मन उस पर न्योछावर कर दिया।

॥ 32 ॥

नाचुरे मेरो मन मत्त होय
प्रेम को राग बजाय रैन दिन
शब्द सुनै सब कोइ॥
राहु केतु नवग्रह नाचै
जम जन्म आनंद होइ।
गिरि समुन्दर धरती नाचै
लोक नाचै हँस रोइ॥
छापा तिलक लगाय बाँस चढ़
हो रहा जगसे न्यारा
सहस कला कर मन मेरो नाचै
रीझै सिरजनहारा॥ (167)

DANCE, my heart! dance today with joy.

The strains of love fill the days and the nights with music, and the world is listening to its melodies:

Mad with joy, life and death dance to the rhythm of this music. The hills and the sea and the earth dance. The world of man dances in laughter and tears.

Why put on the robe of the monk, and live aloof from the world in lonely pride?

Behold! my heart dances in the delight of a hundred arts; and the Creator is well pleased.

मेरे मन, मत्त हो कर नाचो। रात–दिन प्रेम का ऐसा राग बजाओ कि उस शब्द को सभी सुन सकें। इस नृत्य में राहु–केतु, नवग्रह सभी नाच रहे हैं, यम (मृत्यु) और जन्म भी आनंदित हैं। गिरि, समुद्र और धरती नाच रही है, लोग भी हँस कर या रो कर नाच रहे हैं। छापा–तिलक लगाकर (अहंकारवश) बाँस पर चढ़ गए हो, अपने को जग से न्यारा समझ रहे हो। लेकिन मेरा मन तो सहस्र कलाओं के साथ नृत्य कर रहा है जिस पर सृजनकर्ता रीझ (प्रसन्न) गए हैं।

।। 33 ।।

मन मस्त हुआ तब क्या बोले।
हीरा पायो गाँठ गठियायो
बारबार वाको क्यों खोले।
हल्की थी तब चढ़ीं तराजू
पूरी भई तब क्यों तोले।
सुरत कलारी भई मतवारी
मदवा पी गई बिन तोले।
हंसा पाये मानस सरोवर
ताल तलैया क्यों डोले।
तेरा साहब है घट माहीं
बाहर नैना क्यों खोले।

कहैं कबीर सुनो भाई साधो
साहब मिल गये तिल ओले।। (168)

WHERE is the need of words, when love has made drunken the heart?

I have wrapped the diamond in my cloak; why open it again and again?

When its load was light, the pan of the balance went up: now it is full, where is the need for weighing?

The swan has taken its flight to the lake beyond the mountains; why should it search for the pools and ditches any more?

Your Lord dwells within you: why need your outward eyes be opened?

Kabir says : ' Listen, my brother ! my Lord, who ravishes my eyes, has united Himself with me.'

(प्रभु के प्रेम में) मन मस्त हो गया तो अब कुछ बोलने की क्या जरूरत है! हीरा पा कर मैंने उसे गाँठ में बाँध लिया। अब उसे बार–बार खोलने की क्या जरूरत है। जब मेरा प्रेम हल्का (कच्चा) था, तब उसे तराजू पर तौलने की जरूरत थी, अब मेरा प्रेम परिपूर्ण हो गया तो अब उसे तौलने की क्या जरूरत है। सुरति (प्रेम रस) की मदिरा पी कर मतवाली हो गयी, बिना तौले ही (अत्यधिक परिमाण में) मदिरा पी गयी। हंस ने जब मानस सरोवर को पा लिया तो अब वह ताल–तलैया के आस–पास क्यों डोलेगा। तुम्हारा साहब तो घट के भीतर ही है तो बाहर की ओर अपने नयन क्यों खोल रहे हो? कबीर कहते हैं, सुनो भाई साधु, साहब तो तिल को ओट में मिल गए।

|| 34 ||

मोहि तोहि लागी कैसे छुटे।।
जैसे कमलपत्र जल बासा।
ऐसे तुम साहिब हम दासा।।
जैसे चकोर तकत निस चंदा।
ऐसे तुम साहिब हम बंदा।।
मोहि तोहि आदि अंत बन आई।
अब कैसे लगन दूराई।।
कहैं कबीर हमरा मन लागा।
जैसे सलिता सिंध समाई।। (171)

How could the love between Thee and me sever?

As the leaf of the lotus abides on the water : so thou art my Lord, and I am Thy servant.

As the nightbird chakor gazes all night at. the moon: so Thou art my Lord and I am Thy servant.

From the beginning until the ending of time, there is love between Thee and me; and how shall such love be extinguished?

Kabir says : ' As the river enters into the ocean, so my heart touches Thee.'

मुझमें और तुममें जो (प्रेम का रंग) लगा है, वह कैसे छूटेगा। जैसे कमल पत्र जल में स्थित रहता है, वैसे ही तुम (मेरे) साहब हो और मैं तुम्हारा दास हूँ। जैसे चकोर रात भर चाँद की ओर टकटकी लगाए रहता है, ऐसे तुम साहब (स्वामी) हो और मैं तुम्हारा बन्दा (सेवक) हूँ। हमारा और तुम्हारा प्रेम आदि से अंत तक है, अब मिलन का अवसान कैसे होगा? कबीर कहते हैं, हमारा मन (प्रिय से) इस प्रकार संबद्ध है जैसे सरिता सिंधु में समाविष्ट होती है।

|| 35 ||

बालम आवो हमारे गेहरे।
तुम बिन दुखिया देहरे।।
सब कोई कहै तुम्हारी नारी
मोको लागत लाजरे।
दिल से नहीं दिल लगाया
तबलग कैसा सनेह रे।।
अन्न न भावै नींद न आवै
गृह बन धरै न धीर रे।
कामिन को है बालम प्यारा
ज्यों प्यासेको नीर रे।।
है कोई ऐसा पर उपकारी
पिवसौं कहै सुनाय रे।
अब तो बेहाल कबीर भये है
बिन देखे जिव जाय रे।। (173)

MY body and my mind are grieved for the want of Thee;

O my Beloved! come to my house.

When people say I am Thy bride, I am ashamed; for I have not touched Thy heart with my heart.

Then what is this love of mine? I have no taste for food, I have no sleep; my heart is ever restless within doors and without.

As water is to the thirsty, so is the lover to the bride. Who is there that will carry my news to my Beloved?

Kabir is restless: he is dying for sight of Him.

तुम्हारे बिना मेरा देह–मन दुखी है, हे बालम तुम मेरे घर आओ। सभी मुझे जब तुम्हारी नारी कहते हैं तब मुझे बहुत लाज लगती है। जब तक

दिल से दिल नहीं लगाया तब तक स्नेह कैसा? (प्रिय के बिना) अन्न अच्छा नहीं लगता, नींद नहीं आती, गृह–वन कहीं भी धैर्य नहीं रख पाती। कामिनी को उसका बालम उसी तरह प्यारा है, जैसे प्यासे को पानी। कोई ऐसा परोपकारी है जो प्रिय तक मेरी बात पहुँचा सके? कबीर तो अब बेहाल हो गए हैं, प्रिय को देखे बिना प्राण निकल जा रहा है।

।। 36 ।।

जाग पियारी अबका सोवै।
रैन गई दिन काहेको खोवै।।
जिन जागा तिन मानिक पाया।
तैं बौरी सब सोय गँवाया।।
पिय तेरे चतुर तू मूरख नारी।
कबहुँ न पियकी सेज सँवारी।।
तैं बौरी बौरापन कीन्ही
भर जोबन पिय अपन न चीन्ही
जाग देख पिय सेज न तेरे।
तोहि छाँड़ि उठि गये सबेरे।।
कहैं कबीर सोइ धुन जागे
शब्द बान उर अंतर लागे।। (184)

O FRIEND, awake, and sleep no more!

The night is over and gone, would you lose your day also?

Others, who have wakened, have received jewels;

O foolish woman! you have lost all whilst you slept.

Your lover is wise, and you are foolish, O woman!

You never prepared the bed of your husband:

O mad one! you passed your time in silly play.

Your youth was passed in vain, for you did not know your Lord;

Wake, wake! See! your bed is empty: He left you in the night.

Kabir says: ' Only she wakes, whose heart is pierced with the arrow of His music.'

प्यारी जगो, अब क्यों सो रही हो। रात तो (यूँ ही) बिता दी, अब दिन गवाँ दोगी। जो जग गया उसे माणिक की प्राप्ति हुई, बावली तूने सोकर सब गवाँ दिया। तेरे प्रिय चतुर हैं और तू मूर्ख नारी है। तूने कभी प्रिय की सेज को नहीं सँवारा। अरे बावली, तूने बावलापन किया। भरी जवानी में तूने अपने प्रिय को नहीं पहचाना। जग कर देखो, प्रिय तुम्हारी शय्या पर नहीं है, वे सवेरे ही उठकर चले गए हैं। कबीर कहते हैं, वही धुन (ध्वनि) जागृत हो सकती है, जिसके अंतर में (गुरु उपदेश का) शब्द बाण लगेगा।

|| 37 ||

सूर परकास, तँह रैन कहँ पाइये
रैन परकास, नहिं सूर भासै।

ज्ञान परकास, अज्ञान कहँ पाइये
होय अज्ञान, तहँ ज्ञान नासै।

काम बलवान, तँह प्रेम कँह पाइये
प्रेम जहँ होय तहँ काम नाहीँ
कहै कबीर यह सत्त विचार है
समझ विचार कर देख माहीँ।।

पकड़ समसेर संग्राम में पैसिये
देह पर्यन्त कर युद्ध भाई।
काट सिर बैरियाँ दाब जहँका तहाँ
आय दरबार में सीस नवाई।।

सूर संग्राम को देख भागे नहीं,
देख भागै सोई सूर नाहीं।
काम और क्रोध मद लोभसे जूझना,
मचा घमसान तन खेत माहीँ।
सील और साँच संतोष साही भये,
नाम समसेर तहाँ खूब बाजे।
कहै कबीर कोइ जूझिहै सूरमा
कायराँ भीड़ तँह तूर्त भाजे।।

साधका खेल तो विकट बेंडा मती
सती और सूरकी चाल आगे।
सूर घमसान है पलक दो चारका,
सती घमसान पल एक लागे।।

साध संग्राम है रैन दिन जूझना
देह पर्यन्त का काम भाई।। (24)

WHERE is the night, when the sun is shining? If it is night, then the sun withdraws its light.

Where knowledge is, can ignorance endure? If there be ignorance, then knowledge must die.

If there be lust, how can love be there? Where there is love, there is no lust.

Lay hold on your sword, and join in the fight. Fight, O my brother, as long as life lasts.

Strike off your enemy's head, and there make an end of him quickly: then come, and bow. your head at your King's Durbar.

He who is brave, never forsakes the battle: he who flies from it is no true fighter.

In the field of this body a great war goes forward, against passion, anger, pride, and greed:

It is in the kingdom of truth, contentment and purity, that this battle is raging; and the sword that rings forth most loudly is the sword of His Name.

Kabir says: 'When a brave knight takes the field, a host of cowards is put to flight.

'It is a hard fight and a weary one, this fight of the truthseeker: for the vow of the truthseeker is more hard than that of the warrior, or of the widowed wife who would follow her husband.

'For the warrior fights for a few hours, and the widow's struggle with death is soon ended:

'But the truthseeker's battle goes on day and night, as long as life lasts it never ceases.'

जहाँ सूर्य का प्रकाश है, वहाँ रात कैसे होगी और जहाँ रात है वहाँ सूर्य कैसे दिखायी पड़ेगा। जहाँ ज्ञान का प्रकाश है वहाँ अज्ञान कैसे पायेंगे और जहाँ अज्ञान होगा वहाँ ज्ञान का नाश होगा। जहाँ काम बलवान है वहाँ प्रेम कैसे मिलेगा और जहाँ प्रेम होगा वहाँ काम नहीं होगा। कबीर कहते हैं यह सत्य विचार है, समझ–बूझकर अपने भीतर देखो।

तलवार लेकर संग्राम में प्रवेश कीजिए। देह के जीवित रहने तक युद्ध करते रहिए। वैरी का सिर काट कर वहीं दबा दीजिए और (प्रभु के) दरबार में आकर सिर झुकाइये।

संग्राम को देखकर शूर नहीं भागता। जो भागता है वह शूर नहीं है। काम, क्रोध मद और लोभ से इस देह के (रण) क्षेत्र में घमासान युद्ध लगा हुआ है। शील, सत्य और संतोष के राज्य में चल रहे युद्ध में (प्रभु) नाम का खड्ग वहाँ अतिशय ध्वनित हो रहा है। कबीरदास कहते हैं, कोई सूरमा जब युद्ध के लिए आगे बढ़ेगा तो कायरों की भीड़ वहाँ से शीघ्र भाग चलेगी।

साधक का खेल (युद्ध) विकट और कठिन है। यह सती और शूर के (संग्राम) से भी आगे है। शूर का युद्ध तो दो–चार पल का है, सती का

घमासान एक पल का है। किन्तु साधक का संग्राम तो समग्र रात–दिन का है, जब तक देह है तब तक युद्ध चलता रहता है।

|| 38 ||

भ्रमके ताला लगा महल ये
प्रेम की कुंजी लगाव।
कपट किवड़िया खोल केरे
यही विधि पिय को जगाव।।
कहैं कबीर सुनो भाई साधो
फिर न लगै अस दाव।। (36)

THE lock of error shuts the gate, open it with the key of love:

Thus, by opening the door, thou shalt wake the Beloved.

Kabir says: 'O brother! do not pass by such good fortune as this.'

महल में प्रेम का जो ताला लग गया है, उसमें प्रेम की कुंजी लगाओ। कपट का दरवाजा खोलकर इस प्रकार प्रिय को जगा लो। कबीर कहते हैं, हे भाई साधु सुनो, फिर ऐसा मौका नहीं मिलेगा।

|| 39 ||

साधो यह तन ठाठ तबूरेका।।
ऐंचत तार मरोरत खूँटी,
निकसत राग हजूरेका।
टूटे तार बिखर गई खूँटी
हो गया धूरम धूरेका।।
कहैं कबीर सुनो भाइ साधो
अगम पंथ कोइ सूरेका।। (45)

O FRIEND ! this body is His lyre;

He tightens its strings, and draws from it the melody of Brahma.

If the strings snap and the keys slacken, then to dust must this instrument of dust return:

Kabir says: ' None but Brahma can evoke its melodies.'

साधु, यह तन तम्बूर (वीणा की तरह का वाद्य यंत्र) का ठाट है। इसके तार खींचते ही, खूँटी मरोड़ते ही इसमें से हुजूर का (प्रभु का) राग निकलने लगता है। यदि तार टूट जाय, या खूँटी बिखर जाय, तो यह किसी काम का नहीं रहेगा। कबीर कहते हैं, सुनो भाई साधु (प्रभु तक जाने के लिए) सुरों का कोई अगम पंथ है।

॥ 40 ॥

अबधू भूलेको घर लावे
सो जन हमको भावै।
घरमें जोग भोग घरहीमैं
घर तज वन नहिं जावै॥
घरमें युक्त मुक्त घर ही में
जो गुर अलख लखावै।
सहज सुन्न में रहै समाना
सहज समाधि लखावै।
उन्मुनि रहै ब्रह्मको चीन्है।
परम तत्त्वको ध्यावै।
सुरत निरतसों मेला करके
अनहद नाद बजावै॥
घरमें बसत वस्तुभी घर है
घरही बस्तु मिलावै।
कहैं कबीरा सुनोहो अबधू
ज्यों का त्यों ठहरावै॥ (50)

HE is dear to. me i deed who can call back the wanderer to his home. In the home is the true unior, in the home is enjoyment of life: why should I forsake my home and wander in the forest? If Brahma helps me to realize truth, verily I will find both bondage and deliverance in the home.

He is dear to Me indeed who has power to dive deep into Brahma; whose mind loses itself with ease in His contemplation.

He is dear to me who knows Brahma, and can dwell on His supreme truth in meditation; and who can play the melody of the Infinite by uniting love and renunciation in life.

Kabir says: ' The home is the abiding place; in the home is reality; the home helps to attain Him Who is real. So stay where you are, and all things shall come to you in time.'

अवधू जो भूले को घर लाता है, वह व्यक्ति मेरे लिए प्रिय है। घर में ही योग है, घर में ही भोग है, घर छोड़कर वन में क्यों जाये। घर में ही (प्रिय से) युक्त हैं, मुक्ति भी घर में ही है, अलख गुरु यही अनुभव कराते हैं। सहज शून्य में प्रवेश करके सहज समाधि लगाते हैं। उन्मनी (अवस्था) में रह कर जो ब्रह्म को जानता है, जो परमतत्व का ध्यान करता है वह सुरत और निरत में मेल कराकर अनहद नाद बजाता है। घर में ही निवास है, वस्तु भी घर में ही मिलेगी, कबीर कहते हैं, अवधू सुनो, जैसे हो उसी प्रकार ठहर कर (प्रभु को) प्राप्त करो।

|| 41 ||

संतो सहज समाध भली
साँई से मिलन भयो जा दिनते
सुरत न अंत चली।।
आँख न मूँदू कान न रूँधू

काया कष्ट न धारूँ
खुले नयन मैं हँस हँस देखूँ
सुन्दर रूप निहारूँ।।
कहूँ सो नाम सुनू सोइ सुमिरन
जो करूँ सो पूजा।
गिरह उदयान एक सम देखूँ
भाब मिटाऊँ दूजा।।
जहँ जहँ जाऊँ सोई परिकरमा
जो कुछ करूँ सो सेवा।
जब सौंऊ तब करूँ डंडवत
पूजूँ और न देवा।।
शब्द निरंतर मनुया राता
मलिन बचन त्यागी।
उठत बैठत कबहुँ न बिसरै
ऐसी ताड़ी लागी।।
कहैं कबीर यह उन्मुन रहनी
सो परघट कर गाई।
दुख सुख के इक परे परम सुख
तेहि रहा समाई।। (57)

O SADHU ! the simple union is the best.

Since the day when I met with my Lord, there has been no end to the sport of our love.

I shut not my eyes, I close not my ears, I do not mortify my body;

I see with eyes open and smile, and behold His beauty everywhere:

I utter His Name, and whatever I see, it reminds me of Him; whatever I do, it becomes His worship.

The rising and the setting are one to me; all contradictions are solved.

Wherever I go, I move round Him,

All I achieve is His service:

When I lie down, I lie prostrate at His feet.

He is the only adorable one to me: I have none other.

My tongue has left off impure words, it sings His glory day and night:

Whether I rise or sit down, I can never forget Him; for the rhythm of His music beats in my ears.

Kabir says: 'My heart is frenzied, and I disclose in my soul what is hidden. I am immersed in that one great bliss which transcends all pleasure and pain.

सन्तो, सहज समाधि ही अच्छी है। जिस दिन से स्वामी से मिलन हुआ है, उस दिन से सुरति (प्रेम राग) का अन्त नहीं होता। इस (प्रेम राग) में न तो आँखें मूँदता हूँ और न कानों को बन्द करता हूँ और न ही काया को कष्ट देता हूँ। खुली आँखों से (जाग्रत होकर) हँस–हँसकर प्रिय के सुन्दर रूप को देखता हूँ। कहूँ तो (उसी का) नाम कहूँ, (कुछ भी सुनूँ तो) उसी का स्मरण करूँ, कुछ भी करूँ तो उसी की पूजा के निमित्त हो। गृह (अन्तर) और उद्यान (बाहर) को एक समान देखूँ, दूसरा (द्वैत) होने का भाव मिटा दूँ। कहीं भी जाऊँ तो उसी की परिक्रमा करूँ, कुछ भी करूँ तो उसी की सेवा के निमित्त हो। जब सोने जाऊँ तो वह उसी के चरणों में दण्डवत् (प्रणत) स्वरूप हो, अन्य किसी देवता की पूजा न करूँ। मेरा मन उस निरन्तर शब्द में रत हो गया है, उसने मलिन वचन का त्याग कर दिया है। वह (प्रभु से) ऐसा सामान्य हो गया है (ताड़ी लागी) कि उठते–बैठते उन्हें कभी भी भूल नहीं पाता। कबीर कहते हैं कि उन्मनी (ध्यान) के द्वारा मैंने यह सब कुछ प्रकट रूप से गाया, दुख–सुख से परे एक परम सुख है, उसी में मैं डूबा हुआ हूँ।

|| 42 ||

तीरथ में तो सब पानी है,
होवे नहीं कछु अह्नाय देखा।
प्रतिमा सकल तो जड़ है,
बोले नहिँ, बोलाय देखा।।
पुरान कोरान सब बात है
या घटका परदा खोल देखा।
अनुभव की बात कबीर कहैं
यह सब है झूठी पोल देखा।। (59)

THERE is nothing but water at the holy bathing places; and I know that they are useless, for I have bathed in them.

The images are all lifeless, they cannot speak; I know, for I have cried aloud to them.

The Purana and the Koran are mere words; lifting up the curtain, I have seen.

Kabir gives utterance to the words of experience; and he knows very well that all other things are untrue.

तीर्थों में सब (एक जैसा) पानी ही पानी है और कुछ नहीं, मैने स्नान कर के देखा है। समस्त प्रतिमायें जड़ हैं, ये तो बोलती नहीं, मैने बुलवाकर देखा है। पुराण–कुरान तो (कहने की) बातें हैं, मैंने परदा हटा कर देखा। कबीर तो केवल अनुभव की बात कहते हैं, जिन्होंने इन सब झूठी बातों को पहचान लिया है।

|| 43 ||

पानी बिच मीन पियासी
मोहिं सुन सुन आवत हाँसी।।
घरमें बस्तु नजर नहीं आवत
बन बन फिरत उदासी।

आतम ज्ञान बिना जग झूँठा
क्या मथुरा क्या कासी।। (61)

I LAUGH when I hear that the fish in the water is thirsty:

You do not see that the Real is in your home, and you wander from forest to forest listlessly!

Here is the truth! Go where you will, to Banaras or to Mathura; if you do not find your soul, the world is unreal to you.

पानी के भीतर रह कर भी मछली प्यासी है। यह सुन–सुन कर मुझे हँसी आती है। घर के भीतर की वस्तु नजर नहीं आती, उसे पाने के लिए लोग उदास होकर वन–वन में भ्रमित होते हैं। आत्मज्ञान के बिना संसार झूठा है–चाहे वह मथुरा हो या काशी हो।

|| 44 ||

गगन मठ गैब निसान गड़े।।
चंद्रहार चँदवा जहँ टाँगे,
मुक्ता मानिक मढ़े।
महिमा तासु देख मन थिर कर,
रबि ससि जोत जरे
कहैं कबीर पियै जोइ जन,
माता फिरत मरे।। (68)

THE Hidden Banner is planted in the temple of the sky; there the blue canopy decked with the moon and set with bright jewels is spread.

There the light of the sun and the moon is shining: still your mind to silence before that splendour.

Kabir says: ' He who has drunk of this nectar, wanders like one who is mad.'

गगन मठ में गैबी (दैवी, पारलौकिक) पताका गड़ी है। वहाँ चन्द्रहार मंडित, मुक्तामणि खचित चन्दोवा (चन्द्रातप) प्रसारित है। वहाँ रवि–शशि की ज्योति जल रही है, उसकी महिमा देखकर मन को स्थिर करो। कबीर कहते हैं, (इस सुधा को) जो पी लेता है वह (प्रेम रस में) मत्त होकर (परम तत्व की खोज) में भटकता है।

॥ 45 ॥

साधो को है कँह से आयो।
तेहि के मन धौं कहाँ बसत है,
को धौं नाच नचायो॥
पावक सर्ब्ब अंग काठहि मैं,
को धौं डहक जगायो।
हो गयो खाक तेज पुनि वाको
कहु धौं कहाँ समायो॥
अहै अपार पार कछु नाहीँ
सतगुरु जिन्हैं लखायो।
कहैं कबीर जेहिं सूझ बूझ जस,
तेई तस भाष सुनायो॥ (72)

WHO are you, and whence do you come?

Where dwells that Supreme Spirit, and how does He have His sport with all created things?

The fire is in the wood; but who awakens it suddenly? Then it turns to ashes, and where goes the force of the fire?

The true guru teaches that He has neither limit nor infinitude.

Kabir says:' Brahma suits His language to the understanding of His hearer.'

साधु, (वह) कौन है, कहाँ से आया है? उसका मन कहाँ निवास करता है? कैसे सबको नाच नचाता है। अग्नि तो काठ के सभी अंगों में है, न जाने कौन उसे प्रज्ज्वलित कर देता है। फिर उसका तेज न जाने कैसे खाक में बदल कर न जाने कहाँ समा जाता है। सत्गुरु ने जिसे दिखा दिया उनके लिए पार–अपार कुछ भी नहीं। कबीर कहते हैं जिसकी जैसी सूझ–बूझ है, (ब्रह्म ने) उसको उसी तरह सुनाया है।

।। 46 ।।

साधो सहजै काया सोधो,
जैसे बट का बीज ताहि में,
पत्र फल फूल छाया।
काया मद्धे बीज बिराजे,
बीज मद्धे काया।।
अग्नि पँवन पानी पिर्थी नभ
ता बिन मिलै नाँही।
काजी पंडित करो निरनय,
को न आपा माहीँ ।।
जल भर कुंभ जलै बिच धरिया,
बाहर भीतर सोई।
उन को नाम कहन को नाहीँ,
दूजा धोखा होई।
कहैं कबीर सुनो भाई साधो,
सत्यशब्द निज सारा
आपा मध्ये आपै बोले,
आपै सिरजनहारा।। (73)

O SADHU ! purify your body in the simple way.
As the seed is within the banyan tree, and within the seed are the flowers, the fruits, and the shade.

So the germ is within the body and within that germ is the body again.

The fire, the air, the water, the earth, and the nether; you cannot have these outside of Him.

O Kazi, O Pundit, consider it well: what is there that is not in the soul?

The waterfilled pitcher is placed upon water, it has water within and without.

It should not be given a name, lest it call forth the error of dualism.

Kabir says: ' Listen to the Word, the Truth, which is your essence. He speaks the Word to Himself; and He Himself is the Creator.'

साधु, सहज भाव से काया का शोधन कर लो। जैसे वट के बीज में पत्ते, फल–फूल छाया सब समाहित हैं, उसी प्रकार काया में बीज विद्यमान है और बीज के मध्य काया। उस (परमतत्व) के बिना अग्नि, पवन, पानी, पृथ्वी, नभ कुछ भी नहीं मिलता। काजी, पंडित तुम लोग निर्णय करो, उस (आत्मा) के भीतर क्या नहीं है। जल से भरे कुम्भ को जल में स्थापित किया, बाहर भी जल है, भीतर भी जल है। उनका (जल का) नाम (अलग–अलग) कहना नहीं चाहिए, नहीं तो पुनः धोखा होगा। कबीर कहते हैं, हे भाई साधु सुनो, सत्य शब्द के भीतर ही सार है। वह अपने भीतर स्वयं बोलता है, और वह स्वयं सृजनहार है।

|| 47 ||

तरबर एक मूल बिन ठाड़ा,
बिन फूले फल लागे।।
साखा पत्र नहीं कछु ताके
सकल कमल दल गाजै।।
चढ़ तरबर दो पंछी बोले,
एक गुरु एक चेला।
चेला रहा सो रस चुन खाया,
गुरु निरंतर खेला।।
पंछी के खोज अगम परगट,
कहैं कबीर बड़ी भारी।
सबही मूरत बीच अमूरत,
मूरतकी बलिहारी।। (76)

THERE is a strange tree, which stands without roots and bears fruits without blossoming;

It has no branches and no leaves, it is lotus all over.

Two birds sing there; one is the Guru, and the other the disaiple:

The disciple chooses the manifold fruits of life and tastes them, and the Guru beholds him in joy.

What Kabir says is hard to understand: The bird is beyond seeking, yet it is mostclearly visible. The Formless is in the midst of all forms. I sing the glory of forms.'

मूल के बिना एक तरूवर खड़ा है, इसमें बिना फूल के ही फल लगता है। इसमें शाखाएँ नहीं है, पत्ते नहीं हैं– सर्वत्र कमलदल विकसित है। तरुवर पर चढ़ कर दो पक्षी बोल रहे हैं। इनमें एक गुरु है एक चेला है। जो

चेला था उसने चुन–चुन कर रस पी लिया। गुरु निरन्तर खेल करते रह गये। उस पक्षी की खोज करना अत्यन्त अगम है। कबीर एक महत्वपूर्ण बात कह रहे हैं– सभी मूरत (मूर्त्त) के बीच अमूरत है, अतः मूरत की बलिहारी जाता हूँ।

।। 48 ।।

चलत मनसा अचल किन्हीं,
मन हुआ रंगी।
तत्त्व में निःतत्त्व दरसा,
संग मैँ संगी।
बंधते निर्बन्ध कीन्हा,
तोड़ सब तंगी।
कहैं कबीर अगम गम कीया,
प्रेम रंग रंगी।। (79)

I HAVE stilled my restless mind, and my heart is radiant: for in Thatness I have seen beyond Thatness, in company I have seen the Comrade Himself.

Living in bondage, I have set myself free: I have broken away from the clutch of all narrowness.

Kabir says: ' I have attained the unattainable, and my heart is coloured with the colour of love.'

चंचल मन को मैंने जब अचल कर दिया तब मन (प्रेम के) रंग में रंगी हो गया। तत्व में निःतत्व को देखा, तब संग में संगी दिखायी पड़ा। समस्त तंगी (कठिनाइयों) को तोड़कर (संकीर्णताओं के) बन्धन से मैं मुक्त हो गया। कबीर कहते हैं, मैंने अगम (अबूझ) को समझ लिया और प्रेम के रंग में रंग गया।

|| 49 ||

जो दीसै सो तो है नाहीं,
    है सो कहा न जाई।।
बिन देखे परतीत न आवै,
    कहे न को पतियाना।
समझ होय तो शब्दै चीन्है,
    अचरज होय अयाना।।
कोई ध्यावै निराकार को,
    कोई ध्यावै आकारा।
या बिधि इन दोनौं ते न्यारा,
    जानै जाननहारा।।
वह राग तो लखा न जाई,
    मात्रा लगै न काना।
कहैं कबीर सो पड़ै न परलय,
    सुरत निरत जिन जाना। (78)

THAT which you see is not: and for that which is, you have no words.

Unless you see, you believe not: what is told you, you cannot accept.

He who is discerning knows by the word; and the ignorant stands gaping.

Some contemplate the Formless, and others meditate on form; but the wise man knows that Brahma is beyond both.

That beauty of His is not seen of the eye: _ that metre of His is not heard of the ear.

Kabir says: He who has found both love and renunciation never descends to death.'

(वह) जैसा दिखायी पड़ता है वैसा है नहीं, जैसा है वैसा कहा नहीं जा सकता। बिना देखे (किसी की बात पर) भरोसा नहीं होता, कहने पर कोई

विश्वास नहीं करता। यदि (उन्हें) समझ लिया है तो शब्दों से ही पहचान हो सकती है, और जो अज्ञानी है उसे तो इन बातों से आश्चर्य होगा। कोई निराकार का ध्यान करता है तो कोई आकार का, लेकिन वह तो इन दोनों से न्यारा (विलक्षण) है। जानने वाला ही इन्हें जानता है। वह (प्रेम) राग तो (आँखों से) दिखायी नहीं पड़ता और वह मात्रा कानों से सुनाई नहीं पड़ती। कबीर कहते हैं, जो सुरत (प्रेम) और निरत (वैराग्य) को जान लेता है, वह कभी प्रलय (की गिरफ्त) में नहीं पड़ता।

।। 50 ।।

मुरली बजत अखण्ड सदाये,
तहाँ प्रेम झनकारा है।।
प्रेम हद्द तजी जब भाई,
सत्तलोक ही हद्द पुनि आई।।
उठत सुगंध महा अधिकाई,
जाको बार ना पारा है।।
कोटि भान राग को रूपा।
बीन सतधुन बजे अनूपा।। (96)

THE flute of the Infinite is played without ceasing, and its sound is love:

When love renounces all limits, it reaches truth.

How widely the fragrance spreads! It has no end, nothing stands in its way.

The form of this melody is bright like a million suns: incomparably sounds the vina, the vina of the notes of truth.

जहाँ मुरली सर्वदा अखण्ड रूप से बज रही है, वहाँ प्रेम झंकृत हो रहा है। प्रेम जब अपनी सीमा का त्याग कर देता है, तो वहाँ सत्‌लोक की सीमा का आगमन होता है। प्रखर वेग से सुगन्धि का प्रसार होता है– जिसका

ओर–छोर दिखाई नहीं पड़ता। इस राग का रूप करोड़ों सूर्य की तरह उज्ज्वल है। सत्य धुन की वीणा अनुपम रूप से बज रही है।

|| 51 ||

सखियो हम हूँ भई बलमासी।
आयो जोबन बिरह सताये,
अब मैं ज्ञानगली अठिलाती?
ज्ञानगली में खबर मिलगये
हमें मिली पियाकी पाती।
वा पाती में अगम संदेसा,
अब हम मरने को न डराती।।
कहत कबीर सुनो भाई प्यारे
बर पाये अबिनासी।। (99)

DEAR friend, I am eager to meet my Beloved! My youth has flowered, and the pain of separation from Him troubles my breast.

I am wandering yet in the alleys of knowledge without purpose, but I have received His news in these alleys of knowledge.

I have a letter from my Beloved: in this letter is an unutterable message, and now my fear of death is done away.

Kabir says: O my loving friend! I have got for my gift the Deathless One.'

हे सखि, मैं भी बालम के समान हो गयी; यौवन आ गया, अब विरह मुझे सता रहा है, अब ज्ञान की गलियों में मैं इठलाती घूम रही हूँ। ज्ञान गली में यह खबर फैल गयी कि मुझे पिया की पाती मिल गयी है। उस पाती में अगम सन्देश है, अब मैं मरने से नहीं डरती। कबीर कहते हैं, सुनो भाई प्यारे, मैंने अविनाशी वर को पा लिया है।

|| 52 ||

साँई बिन दरद करेजे होय।
दिन नहिं चैन रात नहिं निंदिया,
का से कहूँ दुख रोय।।
आँधि रतियाँ पिछले पहरवा,
साँई बिन तरस तरस रहि सोय।
कहत कबीर सुनो भाई प्यारे,
साँई मिले सुख होय।। (100)

WHEN I am parted from my Beloved, my heart is full of misery: I have no comfort in the day, I have no sleep in the night. To whom shall I tell my sorrow?

The night is dark; the hours slip by. Because my Lord is absent, I start up and tremble with fear.

Kabir says: ' Listen, my friend! there is no other satisfaction, save in the encounter with the Beloved.

स्वामी के बिना कलेजे में दर्द होता है। दिन में चैन नहीं आता, रात में नींद नहीं आती, अपना दुःख किससे रो कर बताऊँ। आधी रात को पिछले प्रहर, स्वामी के बिना तरस–तरस कर सो गयी। कबीर कहते हैं, सुनो भाई प्यारे, स्वामी के मिलने से ही सुख होगा।

|| 53 ||

कौन मूरली शब्द सुन आनंदभयो
जोत बरे बिन बाती।
बिना मूलके कमल प्रगट भयो
फुलवा फूलत भाँती भाँती।।
जैसे चकोर चंद्रमा चितवे
जैसे चातृक स्वाँती।
तैसे संत सुरतके होके
हो गये जनम संघाती।। (92)

WHAT is that flute whose music thrills me with joy?

The flame burns without a lamp;

The lotus blossoms without a root;

Flowers bloom in clusters;

The moonbird is devoted to the moon;

With all its heart the rainbird longs for the shower of rain;

But upon whose love does the Lover concentrate His entire life?

किस मुरली की ध्वनि सुनकर मुझे आनन्द हुआ, बिना बत्ती के ही (ज्ञान की) ज्योति जल रही है। बिना मूल के वहाँ कमल प्रकट हुआ है और भाँति–भाँति के फूल खिल रहे हैं। जैसे चकोर चन्द्रमा को और चातक स्वाति (नक्षत्र) को समर्पित हैं, वैसे ही सन्त (प्रेमीजन) सुरति (प्रेम) के अधीन होकर (प्रिय के) जन्म भर के संगी हो गये।

॥ 54 ॥

सुनता नहीं धुन की खबर
अनहदका बाजा बाजता॥
रस मंद मंदिर बाजता
बाहर सुने तो क्या हुआ।
इक प्रेमरस चाखा नहीं
अमली हुआ तो क्या हुआ॥
काजी किताबें खोजता
करता नसीहत औरको
महरम नहीं उस हाल से
काजी हुआ तो क्या हुआ॥
जोगी दिगम्बर सेवरा कपड़ा
रंगे रंग लाल से।
वाकिफ नहीं इस रंग से

कपड़ा रंगे से क्या हुआ।।
मंदिर झरोखे रावटी*
गुल चमन में रहते सदा।
कहते कबीरा हैं सही
हरदम मैं साहिब रम रहा।। (83)

HAVE you not heard the tune which the Unstruck Music is playing? In the midst of the chamber the harp of joy is gently and sweetly played; and where is the need of going without to hear it?

If you have not drunk of the nectar of that One Love, what boots it, though you should purge yourself of all stains?

The Kazi is searching the words of the Koran, and, instructing others: but if his heart be not steeped in that love, what does it avail, though he be a teacher of men?

The Yogi dyes his garinents with red: but if he knows naught of that colour of love, what does it avail though his garments be tinted?

Kabir says: ' Whether I be in the temple or the balcony, in the camp or in the flower garden, I tell you truly that every moment my Lord is taking His delight in me:'

धुन (ध्वनि) की खबर सुनी नहीं। अनहद (असीम) का बाजा बज रहा है। मन्दिर में रस का मृदुल (मन्द) वाद्य बज रहा है। (इसे) बाहर भी सुनना चाहे तो क्या हुआ? तुमने प्रेमरस नहीं चखा, (फिर भी प्रेम के) नशे में आ गये तो क्या हुआ? काजी किताबें (कुरान आदि) ढूँढ़ता है, दूसरों को नसीहत देता है, लेकिन उस (परमपद के) हाल से परिचित नहीं, तो काजी हुआ तो क्या हुआ? दिगम्बर योगी ने अपने कपड़े लाल रंग में रंग लिए, लेकिन यदि (परमपद के) रंग से परिचित नहीं तो केवल कपड़ा रंगा लेने से क्या हुआ? मन्दिर में, झरोखे में या अन्यत्र चमन (पुष्पोद्यान) में रहूँ, कबीर सही बात कहते हैं– प्रत्येक प्राण में साहब (प्रभु) रमा हुआ है।

|| 55 ||

भक्ति का मारग झीनारे।
नहिं अचाह नहिं चाहना।
चरनन लौ लीनारे।
साधनके रस धार में
रहे निस दिन भीनारे।
राग में स्रुत ऐसे बसे
जैसे जल मीनारे।
साँई सेबनमैं देत सिर कुछ
बिलम न कीनारे
कहै कबीर मत भक्तिका
पथघट कह दीनारे। (55)

SUBTLE is the path of love!

Therein there is no asking and no not asking,

There one loses one's self at His feet,

There one is immersed in the joy of the seeking: plunged in the deeps of love as the fish in the water.

The lover is never slow in offering his head for his Lord's service.

Kabir declares the secret of this love.

भक्ति का मार्ग झीना है। वहाँ चाह (इच्छा) भी नहीं है और अचाह (अनिच्छा) भी नहीं है, केवल (प्रभु के) चरणों में लीन होना है। (भक्ति में) साधना की रसधारा में रात–दिन अभिषिक्त (भीना) होना है। प्रेम राग में ऐसे डूबना है जैसे जल में (जल के बिना) मछली। साईं की सेवा में अपना सिर देने में भी (अहंकार त्याग) भक्ति तनिक भी विलम्ब नहीं करती। भक्ति के इस तत्व को कबीर प्रगट कर रहे हैं।

|| 56 ||

भाई कोई सत गुरु संत कहावै
नैनन अलख लखावै।
प्राण पूज्य किरियाते न्यारा
सहज समाध सिखावै।
द्वार न रूँधै पवन न रोकै
नहिं भवखंड तजावै
यह मन जाय जहाँ लग जबही
परमातम दरशावै।
करम करै निःकरम रहै जो
ऐसी जुगत लखावै
सदा विलास त्रास नहि तनमें
भोगमें जोग जगावे।
धर्ती पानी अकाश पवन मैं
अधर मँड़ैया छावै
सुन्न सिखरके सार सिला पर
आसन अचल जमावै
भीतर रहा सो बाहर देखै
दूजा दृष्टि न आवै। (52)

HE is the real Sadhu, who can reveal the form of the Formless to the vision of these eyes:

Who teaches the simple way of attaining Him, that is other than rites or ceremonies:

Who does not make you close the doors, and hold the breath, and renounce the world:

Who makes you perceive the Supreme Spirit wherever the mind attaches itself:

Who teaches you to be still in the midst of all your activities.

Ever immersed' in bliss, having no fear in his mind, he keeps the "spirit of union in the midst of all enjoyments.

The infinite dwelling of the Infinite Being is everywhere: in earth, water, sky, and air:

Firm as the thunderbolt, the seat of the seeker is established above the void.

He who is within is without: I see Him and none else.

भाई, उसी सत्‌गुरु को हम सन्त कहते हैं जो नयनों से अलग (प्रभु) को दिखलाता है। प्राणायम, पूजा, क्रिया (कर्म) में वह विलक्षण है, वही सहज समाधि सिखाता है। वह (सत्‌गुरु) द्वार का अवरोध नहीं करता, पवन (प्राणायाम) को नहीं रोकता और न ही भवखंड (संसार) को छोड़ने की बात कहता है। यह मन जहाँ तक जाता है वहाँ तक वह (सत्‌गुरु) परमात्मा के ही दर्शन कराता है। वह कार्य करते हुए निःकर्म रहने की युक्ति बताता है। वह सर्वदा विलास (आनन्दपूर्वक) में रहने, तन में तनिक भी त्रास (भय) रखे बिना भोग में योग जाग्रत करता है। सत्‌गुरु धरती, पानी, आकाश, पवन द्वारा (परिव्याप्त) अधर (अनुभव में न आने योग्य) मंडप आच्छादित करता है। शून्य के शिखर पर स्थित सार (तत्व) की शिला पर वह अचल आसन जमाता है। जो भीतर है उसे ही बाहर भी देखता है, इसके अतिरिक्त सत्‌गुरु को कुछ भी दिखाई नहीं पड़ता।

|| 57 ||

साधो शब्द साधना कीजै।
जेही शब्दते प्रगट भये सब
सोई शब्द गहि लीजै।
शब्द गुरु शब्द सुन सिष भये
शब्द सो बिरला बूझै
सोई सिष्य सोई गुरु महातम

जेहि अंतर गति सूझै।
शब्दै वेद पुरान कहत हैं
शब्दै सब ठहरावै
शब्दै सुर मुनि संत कहत हैं
शब्द भेद नहिं पावै।
शब्दै सुनसुन भेष धरत है
शब्दै कहत अनुरागी,
षट् दर्शन सब शब्द कहत है
शब्द कहे बैरागी।
शब्दै काया जग उतपानी
शब्दै केरि पसारा
कहैं कबीर जहँ शब्द होतहै
तवन भेद है न्यारा।। (51)

RECEIVE that Word from which the Universe springeth!

That Word is the Guru; I have heard it, and become the disciple.

How many are there who know the meaning of that Word?

O Sadhu! practise that Word!

The Vedas and the Puranas proclaim it,

The world is established in it,

The Rishis and devotees speak of it:

But none knows the mystery of the Word.

The householder leaves his house when he hears it,

The ascetic comes back to love when he hears it,

The Six Philosophies expound it,

The Spirit of Renunciation points to that Word,

From that WOrd the worldform has sprung,

That Word reveals all.

Kabir says : ' But who knows whence the Word cometh?'

साधु, शब्द की साधना कीजिए। जिस शब्द (ब्रह्म) से सभी प्रकट हुए हैं, उसी शब्द को ग्रहण कीजिए। शब्द ही गुरु है, इसी शब्द को सुनकर हम शिष्य बने, (उस) शब्द को कोई बिरला ही समझ सकता है। जो अंतरगति को समझ लेता है वही (सच्चा) शिष्य है, वही महत्तम गुरु है। (इस) शब्द की बात की ही वेद–पुराण कहते हैं। शब्द में सब कुछ (विश्वसंसार) की स्थिति है। सुर, मुनि, संत सभी शब्द की ही बात कहते हैं, लेकिन (वे भी) शब्द का भेद नहीं पाते। शब्द की बात सुन–सुन कर लोग (नाना) वेष बनाते हैं, अनुरागी जन भी शब्द की ही बात कहते हैं, षट्दर्शन में भी शब्द की बात है और वैरागीजन भी शब्द की बात करते हैं। शब्द से ही जगत् में काया की उत्पत्ति हुई है, (सम्पूर्ण जगत् में) शब्द का ही प्रसार है। कबीर कहते हैं, जहाँ शब्द (ब्रह्म) है वहाँ का भेद (स्थिति) न्यारा (विलक्षण) है।

|| 58 ||

पीले प्याला हो मतवाला
प्याला नाम अमीरस्का रे।
कहैं कबीर सुनो भाई साधो
नखशिख पूर रहा विषका रे। (48)

EMPTY the Cup! O be drunken!

Drink the divine nectar of His Name!

Kabir says: ' Listen to me, dear Sadhu!

'From the sole of the foot to the crown of the head this mind is filled with poison.'

कबीर कहते हैं, सुनो भाई साधु, नख से सिर तक (मानव देह) विष (विषय–वासना) से परिपूर्ण है। (अब) मतवाले होकर (प्रभु प्रेम का) प्याला पी ले। यह प्याला अमृत रस के नाम का है।

|| 59 ||

खसम न चिन्है बावरी,
का करत बड़ाई।
बातन लगन न होयँगे
छोड़ौ चतुराई।।
साखी शब्द संदेश पढ़ी
मत भूलो भाई,
सार प्रेम कछु और है
खोजा सो पाई।। (40)

O MAN, if thou dost not know thine own Lord, whereof art thou so proud?

Put thy cleverness away: mere words shall never unite thee to Him.

Do not ticceive thyself with the witness of the Scriptures:

Love is something other than this, and he who has sought it truly has found it.

बावरी, अपने पति को नहीं पहचानती तो किस लिए अपनी बड़ाई करती है। बातों से कुछ होने वाला नहीं है, चतुराई छोड़ दे। साखी, सबदी और संदेश (हिन्दी में सन्देश काव्य लिखने की परम्परा रही है, कबीर के पूर्व 'संदेश रासक' जैसा प्रसिद्ध काव्य है) पढ़कर इसी में मत भूले रहो भाई। प्रेम का सार तो कुछ और ही है, जिसने (सच्चे मन से) खोजा उसे मिला है।

|| 60 ||

सुखसिन्ध की सैरका
स्वाद तब पाई है
चाहका चौतरा भूल जावे।
बीजके माहिं ज्यौं
बृच्छ विस्तार यों
चाहके माहिँ सब रोग आवे।। (42)

THE savour of wandiring in the ocean of deathless life has rid me of all my asking:

As the tree is in the seed, so all diseases are in this asking.

सुख–सागर (सिन्धु) का स्वाद तब मिलेगा, जब (मनुष्य) चाह (इच्छा) (को पूर्ण करने) की करतूतों को भूल जाएगा। बीज के भीतर से ही जैसे वृक्ष का विस्तार होता है, वैसे ही चाह के माध्यम से सभी रोग (अपना) विस्तार करते हैं।

।। 61 ।।

सुख सागर में आयके,
मत जा रे प्यासा।
अजहु समझ नर बावरे,
जम करत तिरासा।।
निर्म्मल नीर भरेव तेरे आगे
पीले स्वाँसों स्वाँसा।
मृगतृष्णा जल छाँड़ बावरे
करो सुधा रस आशा।।
ध्रु प्रह्लाद शुकदेव पिया
और पिया रैदासा
प्रेमहि संत सदा मतवाला
एक प्रेम की आसा।।
कहैं कबीर सुनो भाइ साधो
मिट गई भयको बासा। (35)

WHEN at last you are come to the ocean of happiness, do not go back thirsty.

Wake, foolish man! for Death stalks you. Here is pure water before you; drink it at every breath.

Do not follow the mirage on foot, but thirst for the nectar;

Dhruva, Prahlad, and Shukadeva have drunk of it, and also Raidas has tasted it:

The saints are drunk with love, their thirst is for love.

Kabir says: ' Listen to me, brother! The nest of fear is broken.

'Not for a moment have you come face to face with the world:

'You are weaving your bondage of falsehood, your words are full of deception:

'With the load of desires which you hold on your head, how can you be light?'

Kabir says: 'Keep within you truth, detachment, and love.'

सुख–सागर में आकर प्यासे मत जाओ। अरे बावरे अब तो समझ ले, यम तुझे घेर रहा है। तेरे आगे निर्मल नीर भरा हुआ है, अपनी हर साँस के द्वारा उसे पी ले। अरे बावले, मृगतृष्णा के पीछे मत दौड़ो, सुधा रस की आशा करो। (इस सुधा रस को भक्त प्रह्लाद, शुकदेव तथा रैदास ने पिया। संत तो प्रेम में सदा मतवाले रहते हैं, एकमात्र प्रेम की ही आशा है। कबीर कहते हैं, हे भाई साधु सुनो, (अब तो) भय का जमावड़ा टूट गया।

|| 62 ||

सती को कौन सिखावता है,
संग स्वामीके तन जारना जी,
प्रेम को कौन सिखावता है,
त्याग माहिं भोग को पाना जी।। (23)

WHO has ever taught the widowed wife to burn herself on the pyre of her dead husband?

And who has ever taught love to find bliss in renunciation?

स्वामी के साथ जलना सती को कौन सिखाता है! (इसी प्रकार) प्रेम को यह कौन सिखाता है कि त्याग के मध्य ही योग की प्राप्ति होती है।

|| 63 ||

अरे मन धीरज काहे न धरै।
पशु पंछी जीव कीट पतंगा
सब की सुद्ध करै।
गर्भ वासमें खबर लेतु है
बाहर क्यों बिसरै।।
मन तू हसन* से साहेब के
भटकत काहे फिरै।
पीतम छोड़ और को ध्यावै,
कारज इक न सरै।। (25)

WHY so impatient, my heart?

He who watches over birds, beasts, and insects,

He who cared for you whilst you were yet in your mother's womb,

Shall He not care for you now that you are come forth?

O my heart, how could you turn from the smile of your Lord and wander so far from Him?

You have left your Beloved and are thinking of others: and this is why all your work is in vain.

अरे मन धीरज क्यों नहीं धारण करते? (प्रभु तो) पशु–पक्षी, जीव, कीट–पतंग सबकी सुध लेते हैं। (मातृ) गर्भ में निवास करते समय जब वे सुध लेते हैं तो बाहर कैसे बिसर जायेंगे। हे मन, तुम प्रभु की हँसी (आनन्द, कल्याण) से दूर क्यों भटक रहे हो? प्रीतम को छोड़कर तुम दूसरे की तरफ दौड़ रहे हो (या इसी का ध्यान कर रहे हो), इससे तुम्हारे एक भी कार्य की सिद्धि नहीं होगी।

।। 64 ।।

साँई से लगन कठिन है भाई।।
जैसे पपिहा प्यासा बूँदका
पिया पिया रटलाई।
प्यासे प्राण तड़फै दिन राति
और नीर ना भाई।।
जैसे मिरगा शब्द सनेही,
शब्द सुनन को जाई।
शब्द सुनै और प्रानदान दे
तनिको नाहिँ डराई।।
जैसे सती चढ़ी सत ऊपर
पिया की राह मन भाई।
पावक देख डरे वह नाँही
हँसत बैठ सरा माई।।
छोड़ो तन अपने की आसा
निर्भय ह्वै गुन गाई।
कहत कबीर सुनो भाइ साधो
नाहिं तो जनम नसाई।। (87)

How hard it is to meet my Lord!

The rainbird wails in thirst for the rain: almost she dies

of her longing, yet she would have none other water than the rain.

Drawn by the love of music, the deer moves forward: she dies as she listens to the music, yet she shrinks not in fear.

The widowed wife sits by the body of her dead husband: she is not afraid of the fire.

Put away all fear for this poor body.

स्वामी से मिलन होना बड़ा कठिन है भाई। जैसे (स्वाति नक्षत्र के) बूँद का प्यासा पपीहा पिया–पिया की रट लगाता रहता है। प्यास से उसके प्राण दिन–रात तड़पते हैं, लेकिन वह दूसरा पानी नहीं पीता। जैसे मृग शब्द (संगीत) का स्नेही होकर शब्द सुनने जाता है। शब्द सुनने के लिए उसके प्राण तक निकल जाते हैं। लेकिन वह तनिक भी डरता नहीं। जैसे सती सत् को आश्रय बना कर आगे बढ़ती है और प्रिय का मार्ग अच्छा लगता है। पावक को देखकर वह डरती नहीं है, हँसते–हँसते वह चिता पर बैठ जाती है। कबीर कहते हैं अपनों की आशा का त्याग, करो, निर्भय होकर (प्रभु का) गुणगान करो। नहीं तो यह जीवन ऐसे ही बीत जाएगा।

|| 65 ||

जब मैं भूला रे भाई
मेरे सतगुरु जुगत लगाई।।
किरिया कर्म अचार मैं छाँड़ा,
छाँड़ा तीरथ का नहाना।
सगरी दुनिया भई सयानी
मैं ही इक बौराना।।
न मैं जानूँ, सेवा बंदगी,
ना मैं घंटी बजाई।

ना मैं मूरत धरी सिंहासन,
    ना मैं पुहुप चढ़ाई।।
ना हरि रीझै जप तप कीन्है,
    न कायाके जारे।
न हरि रीझै धोती छाड़े
    न पाँचों के मारे।।
दया राखि धरम कौन पालै,
    जग सों रहै उदासी,
आपना सा जीव सब को जानै,
    ताहि मिलै अबिनासी।।
सहै कुशब्द बाद को त्यागै
    छाँड़ै गर्ब्ब गुमाना।
सत्नाम ताहि को मिलिहै
    कहैं कबीर सुजाना।। (14)

O BROTHER ! when I was forgetful; my true Guru showed me the Way.

Then I left all rites and ceremonies, I bathed no more in the holy water:

Then I learned that it was I alone who was mad, and the whole world beside me was sane; and I had disturbed these wise people.

From that time forth I knew no more how to roll in the dust in obeisance:

I do not ring the temple bell:

I do not set the idol on its throne:

I do not worship the image with flowers.

It is not the austerities that mortify the flesh which are pleasing to the Lord,

When you leave off your clothes and kill your senses, you do not please the Lord:

The man who is kind and who practises righteousness, who remains passive amidst the affairs of the world, who considers all creatures on earth as his own self,

He attains the Immortal Being, the true God is ever with him.

Kabir says: ' He attains the true Name whose words are pure, and who is free from pride and conceit.'

जब मैं (संसार में) भूला हुआ था, तब मेरे सतगुर ने युक्तिपूर्वक मुझे (सही मार्ग) दिखाया। तब मैंने क्रिया–कर्म (बाह्य) आचार छोड़ दिया। तीर्थों में नहाना छोड़ दिया। सारी दुनिया तो होसियार हो गयी, केवल मैं ही बावला हो गया। उस दिन से मैंने सेवा–बंदगी छोड़ दी, न ही घंटा बजाता हूँ। न मैं सिंहासन पर मूर्ति को रखता हूँ और न ही फूल चढ़ाता हूँ। जप–तप करने से हरि नहीं रीझते हैं और न ही पंचेन्द्रियों का वध (समन) करते हैं। जो दयापूर्वक धर्म का पालन करता है, जग (सांसारिक कर्मों) से उदासीन (तटस्थ) रहता है, सबको अपने समान जीव समझता है उसे ही अविनासी (परब्रह्म) मिलते हैं। सुजान कबीर कहते हैं, जो (दूसरों के) कुशब्द सहन कर लेता है, (मिथ्या) विवाद का त्याग करता है, गर्व–गुमान (अभिमान) को छोड़ देता है, उसे ही सत्यनाम की प्राप्ति होती है।

|| 66 ||

मन न रंगाये,
रंगाये जोगी कपड़ा।।
आसन मारि मंदिर में बैठे
ब्रह्म छाड़े पूजन लगे पथरा।।

कनवा फड़ाय जोगी
जटवा बढ़ौले।
दाढ़ी बढ़ाय जोगी,
होई गैले बकरा।।
जंगल जाय जोगी,
धुनिया रमौले।
काम जराय जोगी,
होई गैले हिजड़ा।।
मथवा मुड़ाय जोगी,
कपड़ा रंगौलै,
गीता बाँचके,
होई गैले लबरा।।
कहहिं कबीर,
सुनो भाई साधो
जम दरवजवा,
बाँधल जैबे पकड़ा।। (13)

THE Yogi dyes his garments, instead of dyeing his mind in the colours of love:

He sits within the temple of the Lord, leaving Brahma to worship a stone.

He pierces holes in his ears, he has a great beard and matted locks, he looks like a goat:

He goes forth into the wilderness, killing all his desires, and turns himself into an eunuch.

He shaves his head and dyes his garments; he reads the Gita and becomes a mighty talker.

Kabir says.: ' You are going to the doors of death, bound hand and foot!'

योगी ने (प्रेम के रंग में) मन नहीं रंगाया, उसने (केवल) अपना कपड़ा रंगाया। आसन मार कर योगी मंदिर में बैठा है, ब्रह्म को छोड़कर पत्थर पूजने लगा है। योगी ने (कुण्डल धारण करने के लिए) कान फड़वा लिये हैं, जटा बढ़ा ली है। दाढ़ी बढ़ा कर योगी बकरा बन गया है। जंगल में जाकर योगी ने धूनी रमा ली है। काम को जला कर (समन कर) योगी हिजड़ा बन गया है। मस्तक मुंडन कर योगी ने कपड़ा रंगा लिया है। गीता का पाठ कर वह झूठी बातें कह रहा है। कबीर साधु से कहता है, (अंत में) तुम जब पकड़े जाओगे तो तुम्हें बाँधकर यम के दरवाजे पर ले जाया जायेगा।

|| 67 ||

ना जाने साहेब कैसा है।
मुल्ला होकर बाँग जो देवे।
    क्या तेरा साहब बहरा है।
कीड़ी के पग नेवर बाजे,
    सो भी साहब सुनता है।
माला फेरी तिलक लगाया,
    लंबी जटा बढ़ाता है।
अंतर तेरे कुफर कटारी,
    यों नहिं साहब मिलता है। (6)

I DO not know what manner of God is mine.

The Mullah cries aloud to Him: and why? Is your Lord deaf? The subtle anklets that ring on the feet of an insect when it moves are heard by Him.

Tell your beads, paint your forehead with the mark of your God, and wear matted locks long and showy: but a deadly weapon is in your heart, and how shall you have God?

न जाने साहब कैसा है? मुल्ला होकर (मुर्गे की तरह) बाँग देते हो, तुम्हारा साहब (प्रभु) बहरा है? कीड़े (जैसे छोटे जीव) के पाँव में नूपुर बजने पर भी साहब उसे सुन लेते हैं। माला फेरते हो, तिलक लगाते हो, लम्बी जटा बढ़ाते हो, लेकिन तुम्हारे अन्तर में तीक्ष्ण कटारी है– इस तरह से साहब नहीं मिलते हैं।

|| 68 ||

हमसे रहा न जाय
मुरलियाकै धुन सुनके
बिना बसन्त फूल इक फूलै
भँवर सदा बोलाय।।
गगन गरजै बिजुली चमकै
उठती हिये हिलोर।
बिगसत कँवल मेघ बरसाजै
चितवत प्रभुकी ओर।।
तारी लागी तँहा मन पहुँचा
गैब धुजा फहराय।
कहैं कबीर आज प्राण हमारा
जीवत ही मर जाय।। (257)

I HEAR the melody of His flute, and I cannot contain myself:

The flower blooms, though it is not spring; and already the bee has received its invitation.

The sky roars and the lightning flashes, the waves arise in my heart,

The rain falls; and my heart longs for my Lord.

Where the rhythm of the world rises and falls, thither my heart has reached:

There the hidden banners are fluttering in the air.

Kabir says : 'My heart is dying, though it lives.'

मुरली की धुन सुनके हमसे रहा नहीं जाता। बिना वसंत के ही एक फूल खिला है, (कली खिली है) वह सदा भौंरे को बुलाती है। गगन में गर्जन हो रहा है, बिजली चमक रही है, हृदय में हिलोर उठ रही है। कमल विकसित हो रहा है, मेघ बरस रहा है, चित्त प्रभु की ओर लगा है। एकाग्र होकर मन वहाँ पहुँचा है जहाँ (प्रभु के नाम की) दिव्य ध्वजा फहरा रही है। कबीर कहते हैं, आज हमारा प्राण जीवित रहते ही मर रहा है।

|| 69 ||

जो खोदाय मसजीद बसतु है
और मुलुक केहिकेरा।
तीरथ मूरत राम निवासी
बाहर करे को हेरा।।
पूरब दिशा हरिको बासा
पश्चिम अलह मुकामा।
दिलमें खोजि दिलहिमा खोजो
इहै करीमा रामा।।
जेते औरत मरद उपानी
सो सब रूप तुम्हारा।
कबीर पोंगरा अलह रामका
सो गुरु पीर हमारा।। (187)

IF God be within the mosque, then to whom does this world belong?

If Ram be within the image which you find upon your pilgrimage, then who is there to know what happenS \ without?

Hari is in the East: Allah is in the West. Look within your heait, for there you will find both Karim and Ram;

All the men and women of the world are His living forms.

Kabir is the child of Allah and of Ram: He is my Guru, He is my Pir.

यदि खुदा मस्जिद में निवास करता है तो बाकी मुल्क किसका है। यदि राम तीर्थ और मूर्ति में निवास करते हैं तो बाहर कौन देखता है। पूर्व दिशा में हरि का वास है, पश्चिम में अल्लाह का मुकाम है तो अच्छी प्रकार अपने दिल में खोजो, करीम और राम दोनों वहीं हैं। जितने भी औरत और मर्द उत्पन्न हुए हैं, सो सब तुम्हारे ही रूप हैं। कबीर कहते हैं, मैं अल्लाह और राम का पुत्र हूँ, वही हमारे गुरु और पीर हैं।

।। 70 ।।

सील संतोष सदा समदृष्टि
रहनि गहनिमैं पूरा।
ताके दरस परस भय भाजै
होइ कलेश सब दूरा।।
निसि बासर चरचा चित चंदन
आन कथा न सोहावै।
करनी धरणी संगीत गावै
प्रेम रंग उड़ावै।।
राग सरूप अखंडित अविचल
निर्भय बेपरवाई।
कहैं कबीर ताहि पग परसो
घट घट सब सुखदाई।। (197)

HE who is meek and contented, he who has an equal vision, whose mind is filled with the fullness of acceptance and of rest;

He who has seen Him and touched Him, he is freed from all fear and trouble.

To him the perpetual thought of God is like sandal paste srneareCI on the bgdy, to_ him nothing else is delight:

His work and his rest are filled with music: he sheds abroad the radiance of love.

Kabir says: Touch His feet, who is one and indivisible, immutable and peaceful; who fills all vessels to the brim with joy, and Whose form is love.'

जो शीलवान है, संतोषी है, सर्वदा समदृष्टि वाला है, अपने आचरण में, ग्रहण करने में परिपूर्ण है, उसके दर्शन से, स्पर्श से भय भाग जाता है, समस्त क्लेश दूर हो जाते हैं। चित्त द्वारा रात–दिन की उनकी चर्चा करना ही चंदन के लेप समान (शीतल) है, अन्य बातें अच्छी नहीं लगतीं। जो करणी–धरणी (काम–धाम) में संगीत का गायन करता है, वह सर्वदा प्रेम के आनंद का उपभोग करता है। जो राग (संगीत) स्वरूप है, अखंडित, अविचल है, निर्भय, बेपरवाह है, कबीर कहते हैं, उन्हीं के चरण स्पर्श करो, वे घर–घर में सभी प्रकार से सुख का विधान करते हैं।

|| 71 ||

साध संगत पीतम
उहाँ चल जाइये।
भाव भक्ति उपदेस
तहाँतै पाइये।।
संगत हि जरि जाव
ना चरचा नामकी

दुलह बिना बरात
कहो किस कामकी।।
दुविधाको कर दूर
पीतम को ध्याइये।
आन देवकी सेव
न चित्त लगाइये।।
आन देवकी सेव
भली नहि जीवको।
कहै कबीर बिचार
न पावै पीवको।। (200)

Go thou to the company of the good, where the Beloved One has His dwelling place:

Take all thy thoughts and love and instruction from thence.

Let that assembly be burnt to ashes where. His Name is not spoken!

Tell me, how couldst thou hold a weddingfeast, if the bridegroom himself were not there?

Waver no more, think only of the Beloved;

Set not thy heart on the worship of other gods, there is no worth in the worship of other masters.

Kabir deliberates and says: Thus thou shalt never find the Beloved!'

जहाँ साधु संगत है, जहाँ प्रियतम है, वहीं चले जाइए। वहीं से भाव भगति और उपदेश प्राप्त कीजिए। वह संगत जल जाए जहाँ (प्रभु) नाम की चर्चा न हो, दूल्हे के बिना बारात किस काम की! द्विधा को दूर कर प्रीतम का ध्यान कीजिए। अन्य किसी देव की सेवा चित्त में भी न लाइए। अन्य देव की सेवा से जीव की भलाई नहीं हो सकती। कबीर विचार कर कहते हैं, इससे प्रिय को पाया नहीं जा सकता।

|| 72 ||

तोर हीरा हिराइलवा किँचड़मैं।।
कोई ढूँढे पूरब कोई ढूँढे पश्चिम,
कोई ढूँढे पानी पथरेमैं।
दास कबीर जे हीराको परखैं
बाँध लिहलैं जीयराके अचरेमैं।। (212)

THE jewel is lost in the mud, and all are seeking for it;

Some look for it in the east, and some in the west; some in the water and some amongst stones.

But the servant Kabir has appraised it at its true value, and has wrapped it with care in the end of the mantle of his heart.

तुम्हारा हीरा कीचड़ में खो गया है। कोई उसे ढूँढता है पूर्व में तो कोई पश्चिम में, कोई पानी में तो कोई पत्थर में। दास कबीर ने हीरे की परख कर ली है, उन्होंने उसे अपने हृदय के आँचल में बाँध लिया है।

|| 73 ||

आयौ दिन गौनेकै हो,
मन होत हुलास।
डोलिया उतारै बीजा बनवाँ हो,
जहँ कोई न हमार।
पइयाँ तोरी लागौं कहरवा हो,
डोली धर छिन बार।
मिल लेवँ सखिया सहेलर हो,
मिलौं कुल परिवार।।
दास कबीर गावैं निरगुन हो
साधो करिले विचार।
नरम् गरम सौदा करिले हो,
आगे हाट न बजार।। (213)

THE palanquin came to take me away to my husband's home, and it sent through my heart a thrill of joy;

But the bearers have brought me into the lonely forest, where I have no one of my own.

O bearers, I entreat you by your feet, wait but a moment longer: let me go back to my kinsmen and friends, and take my leave of them.

The servant Kabir sings : O Sadhu! finish your buying and selling, have done with your good and your bad: for there are no markets and no shops in the land to which you go.'

गौने (प्रियतम के यहाँ गमन करने) का दिन आ गया, मन में उल्लास हो रहा है। (किन्तु पालकी वाहकों ने) विजन वन में मेरी डोली उतार दी, जहाँ कोई हमारा नहीं है। अरे कहार (पालकीवाहक) तुम्हारे पाँव पड़ती हूँ,

क्षण भर डोली (नीचे) रखो, में अपनी सखियों से, संगिनी से, कुल–परिवार से मिल लूँ। दास कबीर निर्गुण गा रहे हैं, साधु इस पर विचार कर लो, नरम–गरम (तोल–मोल) जो भी सौदा करना हो, कर लो, क्योंकि आगे हाट–बाजार नहीं है।

|| 74 ||

अरे दिल
प्रेम नगरका अंत न पाया।
ज्यौं आया त्यौं जावैगा।।
सुन मेरे साजन सुन मेरे मीता।
या जीवनमैं क्या–क्या कीता।
सिर पाहनका बोझा लीता।
आगै कौन छुड़ावेगा।।
परली पार मेरा मीता खड़िया।
उस मिलनेका ध्यान न धरिया।
टूटी नाव उपर जा बैठा।
गाफिल गोता खावैगा।।
दास कबीर कहैं समुझाई।
अंतकाल तेरो कौन सहाई।
चला अकेला संग न कोई
किया आपना पावैगा।। (216)

O MY heart ! you have not known all the secrets of this city of love: in ignorance you came, and in ignorance you return.

O my friend, what have you done with this life? You have taken on your head the burderi heavy with stones, and who is to lighten it for you?

Your Friend stands on the other shore, but you never think in your mind how you may meet with Him:

The boat is broken, and yet you sit ever upon the bank; and thus you are beaten to no purpose by the waves.

The servaflt Kabir asks' you to consider; who is there that shall befriend you at the last?

You are alone, you have no companion: you will suffer the consequences of your own deeds.

अरे दिल, प्रेमनगर का मर्म न जान सके, जैसे आए हो वैसे ही चले जाओ। सुनो मेरे साजन, सुनो मेरे मित्र, इस जीवन में क्या–क्या किए? सिर पर पत्थर का बोझ लिए, अब आगे तुम्हें कौन छुड़ाएगा। उस पार मेरा मित्र खड़ा है, उससे मिलने का ध्यान तुमने नहीं किया। नाव टूट गयी थी, इसलिए ऊपर जाकर बैठ गए। अरे मूर्ख, वहाँ तुम केवल गोता खाओगे। दास कबीर समझा कर कहते हैं, अंतकाल में तेरा सहायक कौन होगा। अब तो तुम अकेले चल पड़े हो, तुम्हारे साथ कोई नहीं है। तुमने जैसे कर्म किये वैसा (फल) तुम्हें मिलेगा।

|| 75 ||

बेद कहे सरगुणके आगे
निरगुनका बिसराम।
सरगुन निरगुन तजहु सोहागिन
देख सबहि निजधाम।।
सुख दुःख वहाँ कछु नहिं व्यापै
दरसन आठौं जाम।
नूरै ओढ़न नूरै आसन
नूरैका सिरहान।।
कहैं कबीर सुनो भाई साधो
सतगुरु नूर तमाम।। (227)

THE Vedas say that the Unconditioned stands beyond the world of Conditions.

O woman, what does it avail thee to dispute whether He is beyond all or in all?

See thou everything as thine own dwelling-place: the mist of pleasure and pain can never spread there.

There Brahma is revealed day and night: there light is His garment, light is His seat, light rests on thy head.

Kabir says: 'The Master, who is true, He is all light.'

वेद में कहा गया है, सगुण के आगे निर्गुण विश्राम करता है (महत्वहीन)। कबीर कहते हैं, अरे सुहागिन (जीवात्मा) सगुण–निर्गुण की बात छोड़ दो, सभी जगह तुम्हारा धाम है। वहाँ सुख–दुख की कोई व्याप्ति नहीं है, वहाँ (प्रभु के) दर्शन आठों याम मिलते हैं।

।। 76 ।।

तू सूरत नैन निहार
वह अण्डमैं सारा है।
तू हिरदे सोच बिचार
यह देस हमारा है।।
सतगुरु दरस होयँ जब भाई
वह दैं तुमको प्रेमचिताई।
सुरत निरतके भेद बताई
तब देखे अण्डके पारा है।।
सकल जगतमैं सतकी नगरी
चित भुलावे बाँकी डगरी।
सो पँहुचे चाले बिन पगरी

ऐसा खेल अपारा है।।
लीला सुक्ख अनंत वँहाकी
जहँ रास बिलास अपारा है।
गहन तजन छूटे यह पाई
फिर नहिं पाना सताना है।
पदनिरवान है अनंत अपारा
सुरति मूरति लोक पसारा।
सत्तपुरुष नूतन तनधारा
साहिब सकल रूप सारा है।।
बागबगीचे खिली फुलवारी
अमृत लहरे हो रहिं जारी।
हंसा केल करत तहँ भारी
जहँ अनहद घुरै अपारा है।।
तामध अधर सिंहासन गाजे
पुरुष महा तँह अधिक विराजै
कोटिन सूर रोम इक लाजै
ऐसा पुरुष दीदारा है।।
पंथ बीना सतराग उचारैं
जो बेधत हिये मँझारा है।
जम जन्मका अमृतधारा।
जहँ अधर अमृतफुहारा है।।
सतसे सत्त सुन्न कहलाई
सत्त भंडार याहीके माहीँ।
निःतत रचना ताहि रचाई
जो सबहिनतैं न्यारा है।
अहद लोक वँहा है भाई
पुरुष अनामी अकह कहाई।
जो पँहुचे जानेंगे वाही
कहन सुननते न्यारा है।
रूप सरूप कछु वहँ नाहीँ

ठौर ठावँ कछु दीसै नाहीं।
अरज तूल कुछ दृष्टि न आई।
कैसे कहुँ सुमारा है।।
जापर किरपा करिहैं साई
अहद मारग पावै ताही।
उद्‌भौ परलय पावत नाहीं
जब पावै दीदारा हो।।
कहैं कबीर मुख कहा न जाई
ना कागद पर अंक चढ़ाई
मानो गूँगे सम गुड़ खाई
कैसे बचन उचारा हो।। (226)

OPEN your eyes of love, and see Him who pervades this world! consider it well, and know that this is your own country.

When you meet the true Guru, He will awaken your heart;

He will tell you the secret of love and detachment, and then you will know indeed that He transcends this universe.

This world is the City of Truth, its maze of paths enchants the heart:

We can reach the goal without crossing the road, such is the sport unending.

Where the ring of manifold joys ever dances about Him, there is the sport of Eternal Bliss.

When we know this, then all our receiving and renouncing is over:

Thenceforth the heat of having shall never scorch us more.

He is the Ultimate Rest unbounded:

He has spread His form of love throughout all the world.

From that Ray which is Truth, streams of new forms are perpetually springing and He pervades those forms.

All the gardens and groves and bowers are abounding with blossom; and the air breaks forth into ripples of joy.

There the swan plays a wonderful game,

There the Unstruck .Music eddies around the Infinite One;

There in the midst the Throne of the Unheld is shining, whereon the great Being sits—

Millions of suns are shamed by the radiance of a single hair of His body.

On the harp of the road what true melodies are being sounded ! and its notes pierce the heart:

There the Eternal Fountain is playing its endless lifestreams of birth and death.

They call Him Emptiness who is the Truth of truths, in Whom all truths are stored!

There within Him creation goes forward, which is beyond all philosophy; for philosophy cannot attain to Him:

There is an endless world, O my Brother! and there is the Nameless Being, of whom naught can be said.

Only he knows it who has reached that region: it is other than all that is heard and said.

No form, no body, no length, no breadth is seen there: how can I tell you that which it is?

He comes to the Path of the Infinite on whom the grace of the Lord descends : he is freed from births and deaths who attains to Him.

Kabir says : It cannot be told by the words of the mouth, it cannot be written on paper :

'It is like a dumb person who tastes a sweet thing—how shall it be explained?'

अरे मन प्रेम की आँखों से उसे देख, वह समस्त ब्रह्मांड में व्याप्त है। तुम हृदय में सोच–विचार करो कि यह संपूर्ण देश (जगत्) हमारा है। अरे भाई, जब तुम्हें सत्गुरु के दर्शन होंगे तब तुन्हें वे तुम्हारे प्रेम को जागृत कर देंगे। जब तुम्हें सूरत (प्रेम) और निरत (वैराग्य) का भेद बता देंगे तब तुम जान सकोगे कि वह ब्रह्मांड से परे अतीत है। सकल जगत् सत्य की नगरी है, यहाँ के बंकिम पथ तो चित्त को भुलाने वाले हैं। जिसने इसकी उपलब्धि कर ली है वह पथ पर चले बिना ही अपने गंतव्य स्थल पर पहुँच जाता है– (प्रभु की) ऐसी अपार लीला है। वहाँ की लीला अत्यन्त सुखदाई है, जहाँ अपार रास विलास है। जहाँ ग्रहण और त्याग छूट जाने पर ही पाना होता है, और (यदि न मिले तो) न पाने का संताप नहीं होता। वे ही निर्वाण पद हैं, अनंत अपार हैं, उन्होंने अपनी सुरति (आनंद) के द्वारा मूरत लोक (प्रत्यक्ष) का प्रसार किया है। उस सत्तपुरुष से नित्य नवीन तनधारा (निःसृत हो रही है)। समस्त (दृश्य) रूप साहब (प्रभु) के ही हैं। समस्त बाग–बगीचे, खिली हुई समस्त फुलवारी में अमृत–लहर प्रवाहित हो रही है। हंस (जीवात्मा) वहाँ भारी खेल कर रहा है, वहाँ अनहद (असीम) अपने अपार रूप के साथ प्रकट हुआ है। उसमें अधर (अलख) सिहासन (का सिंह) गर्जन कर रहा है, महापुरुष वहाँ प्रत्यक्ष रूप से विराजमान हैं, उसके एक–एक रोवें (से निःसृत दीप्ति) करोड़ों सूर्य को लज्जित करते हैं, उस

पुरुष का ऐसा दीदार (दर्शन) है। पंथ–वीणा पंथ–वीणा से नाना सुरों में मसब्रह्म–रागिनी झंकृत होती है। क्षि.से. से सत्राग का उच्चारण हो रहा है जो ह्रदय के मध्य विद्ध हो रहा है। वहाँ जीवन और मृत्यु की अमृतधारा है, जहाँ अमृत की वर्षा हो रही है। वह सत्य का सत्य है। जिसे शून्य कहा जाता है, इसी के भीतर सत्य का भंडार है। समस्त तत्वों से अतीत की रचना जिसने की वह सबसे न्यारा (विलक्षण) है। वहाँ अहद (असीम) लोक है, अनामी पुरुष (का स्वरूप) अवर्णनीय है। वहाँ जो पहुँचेगा वही जान सकता है– वह तो कहने–सुनने दोनों में ही न्यारा है। उसके रूप–स्वरूप कुछ भी नहीं हैं, उसके ठौर–ठिकानों का पता नहीं चलता, उससे तुलना करने योग्य कुछ भी नहीं है, उसका परिणाम कैसे बताया जाए। जिस पर प्रभु की कृपा होगी वही उस असीम मार्ग को पा सकता है। प्रभु का दीदार (दर्शन) हो जाने पर (मनुष्य) उद्‌भव और प्रलय (जन्म और मृत्यु) से दूर हो जाता है। उस (परमतत्व) का वर्णन् मुख से नहीं किया जा सकता, न काजल पर लिखा जा सकता है। वह गूंगे के गुड़ के समान है जो वाणी के द्वारा (आनंद का) वर्णन नहीं कर सकता है।

।। 77 ।।

चल हंसा वा देस जहँ
पिया बसै चित चोर।
सुरत सोहागिन है पनिहारिन
भरै ठाढ़ बिन डोर।।
वहि देसवाँ बादर न उमड़ै
रिमझिम बरसे मेह।
चौबारेमैं बैठे रहो ना
जा भीजहु निर्देह।।
वहि देसवामैं नित्त पूर्णिमा
कबहु न होय अंधेर।
एक सूरजकै कौन बतावै
कोटिन सूरज उँजेड़।। (230)

O MY heart! let us go to that country where dwells the Beloved, the ravisher of my heart!

There Love is filling her pitcher from the well, yet she has no rope wherewith to draw water;

There the clouds do not cover the sky, yet the rain falls down in gentle showers:

O bodiless one! do not sit on your doorstep; go forth and bathe yourself in that rain!

There it is ever moonlight and never dark; and who speaks of one sun only? that land is illuminate with the rays of a million suns.

अरे हंस (जीव) उस देश चलो जहाँ चितचोर प्रिय बैठे हैं। वहाँ पनिहारिन (पानी भरने वाली) सूरत (प्रेम) में पगी सुहागिनी है (जो पानी भरने के लिए) बिना डोर (रस्सी) के खड़ी है। उस देश में बादल नहीं उमड़ते लेकिन रिमझिम मेघ बरसते हैं। चौबारे (बाहरी कक्ष) में बैठे न रहो, वहाँ जाकर निर्देह (होकर) भींगो। उस देश में नित्य ही पूर्णिमा है, वहाँ कभी अँधेरा नहीं होता। एक सूर्य की बात कौन कहे वहाँ तो करोड़ों सूर्य का उजियारा है।

|| 78 ||

कहैं कबीर सुनो हो साधो
अमृत बचन हमार।
जो भल चाहो आपनो
परखो करो बिचार।
जे करतातैं उपजे
तासौं परि गयो बीच।
अपनी बुद्धि बिवेक बिन

सहज बिसाई मीच।।
यहिमैंते सब मत चले
यही चल्यौ उपदेस।
निश्चय गहि निर्भय रहो
सून परम तत्त संदेश।।
केहि गावो केहि ध्यावह
छोड़ो सकल धमार।
यह हिरदे सबको बसे
क्यौं सेवो सुन उजाड़।।
दूरहि करता थापिके
करी दूरकी आस।
जो करता दूरै हुते
तो को जग सिरजै आन।।
जो जानो यहँ है नही
तो तुम धावो दूर।
दूरसे दूर भ्रमि भ्रमि
निस्फल मरो बिसूर।।
दुर्लभ दरसन दूरके
नियर सदासुख बास
कहैं कबीर मोहिं व्यापिया
मत दुख पावे दास।।
आप अपनपौ चीन्हहु
नख सिख सहित कबीर।
आनंद मंगल गावहु
होहि अपनपौ धीर।। (232)

KABIR says : O Sadhu! hear my deathless wok's. If you want your own good, examine and consider them well.

You have estranged yourself from the Creator, of whom you have sprung: you have lost your reason, you have bought death.

All doctrines and all teachings are sprung from Him, from Him they grow : know this for certain, and have no fear.

Hear from me the tidings of this great truth!

Whose name do you sing, and on whom do you Meditate? O, come forth from this entanglement!

He dwells at the heart of all things, so why take refuge in empty desolation?

If you place the Guru at a distance from yOul then it is but the distance that you honour:

If indeed the Master be far away, then who is it else that is creating this world?

When you think that He is not here, then you wander further and further away, and seek Him in vain with tears.

Where He is far off, there He is unattainable: where He is near, He is very bliss.

Kabir says: ' Lest His servant should suffer pain He pervades him through and through.'

Know yourself then, O Kabir; for He is in you from head to foot.

Sing with gladness, and keep your seat unmoved within your heart.

कबीर कहते हैं, साधु मेरे अमृत वचन सुनो। यदि अपना भला चाहते हो तो (मेरे वचन को) परखो, उस पर विचार करो। जिस कर्ता से तुम्हारी उत्पत्ति

हुई उससे तुम्हारा व्यवधान हो गया। अपनी बुद्धि और विवेक का प्रयोग न कर तुमने सहज रूप से मृत्यु का व्यवसाय किया। इसी में से सारे मत उत्पन्न हुए हैं, इसी उपदेश के अनुरूप चलो। इसे निश्चित (रूप से) ग्रहण कर, परम तत्व के संदेश को सुनकर निर्भय रहो। किसका गायन कर रहे हो, किसका ध्यान कर रहे हो, इन सब धमाल (धमा–चौकड़ी) को छोड़ दो। वह (परम तत्व) तो सबके हृदय में निवास करता है, तुम शून्य, उजाड़ की सेवा क्यों करते हो, कर्ता की स्थापना अपने से दूर करके तुमने दूर की ही आशा की। यदि कर्ता दूर होते तो, दूसरा और कौन जगत् का सृजन करता। यदि तुम इसके स्वरूप को न जान सको तो दूर ही दूर दौड़ते रह जाओगे। दूर ही भ्रमते रह कर, निष्फल होकर रो–रो कर मर जाओगे। दूर के (कर्ता) का दर्शन दुर्लभ है, निकट के (कर्ता का) निवास सर्वदा सुखदाई है। कबीर कहते हैं कि वह मुझ पर व्याप्त हो गया है, अपने दास को दुखी नहीं देख सकता। स्वयं को पहचान लो वे नख–शिख सहित (संपूर्ण) कबीर में (विद्यमान) हैं। स्वयं में स्थिर होकर आनंद मंगल का गान करो।

।। 79 ।।

ना मैं धर्म्मी नहि अधर्म्मी
ना मैं जती न कामी हो।
ना मैं कहता ना मैं सुनता
ना मैं सेवक स्वामी हो।।
ना मैं बंधा ना मैं मुक्ता
ना बिरत मैं रंगी हो।
ना काहू से न्यारा हुआ
ना काहूके संगी हो।।
ना हम नरक लोकको जाते
ना हम सुर्ग सिधारे हो।
सबहि कर्म हमारा किया

हम कर्मनतैं न्यारा हो।।
या मतको कोइ बिरला बूझै
सो अटर हो बैठे हो।
मत कबीर कहूको थापे
मत काहूको मेटे हो।। (233)

I AM neither pious nor ungodly,

I live neither by law nor by sense,

I am neither a speaker nor hearer,

I am neither a servant nor master,

I am neither bond nor free,

I am neither detached nor attached.

I am far from none: I am near to none.

I shall go neither to hell nor to heaven.

I do all works; yet I am apart from all works.

Few comprehend my meaning: he who can comprehend it, he sits unmoved.

Kabir seeks neither to establish nor to destroy.

मैं न तो धर्मी हूँ और न अधर्मी, न यति हूँ न कामी। न मैं कहता हूँ, न मैं सुनता हूँ, न मैं सेवक हूँ न स्वामी हूँ। न मैं बँधा हूँ न मुक्त हूँ, न मैं विरत न रंग (क्रीड़ा) रत हूँ। न किसी से न्यारा (अलग) हूँ न किसी का संगी हूँ। न हम नरक लोक में जाते हैं और न स्वर्ग लोक को। समस्त कर्म हमारे किए हुए हैं और हम समस्त कर्मों से अलग भी हैं। कोई विरला ही इस मत को समझ सकता है, वही अटल होकर बैठता है। कभी किसी की स्थापना नहीं करता और न किसी को मिटाता है।

|| 80 ||

सत्त नाम है सबतैं न्यारा
निर्गुण सर्गुन शब्द पसारा।
निर्गुण बीज सर्गुन फल फूला।
साखा ज्ञान नाम है मूला।।
मूलगहेतैं सब सुख पावै।
डाल पातमैं मूल गँवावै।।
साईं मिलानी सुखदिलानी।
निर्गुण सर्गुन भेदमिटानी।। (235)

THE true Name is like none other name!

The distinction of the Conditioned from the Unconditioned is but a word:

The Unconditioned is the seed, the Conditioned is the flower and the fruit.

Knowledge is the branch, and the Name is the root.

Look, and see where the root is: happiness shall be yours when you come to the root.

The root will lead you to the branch, the leaf, _ the flower, and the fruit:

It is the encounter with the Lord, it is the attainment of bliss, it is the reconciliation of the Conditioned and the Unconditioned.

सत् नाम सबसे न्यारा (विलक्षण) है, निर्गुण–सगुण दोनों शब्दों का प्रसार इसी से हुआ है। निर्गुण बीज है, सगुण फल–फूल। शाखा ज्ञान है और सत् नाम ही उसका मूल है। मूल ग्रहण कर लेने पर सारे सुख प्राप्त होंगे। मूल से ही डाल–पात का विकास होगा। साईं से मिलने पर समस्त सुखों की प्राप्ति होगी और निर्गुण–सगुण का भेद मिट जाएगा।

|| 81 ||

प्रथम एक जो आपै आप।
निराकार निर्गुण निर्जाप।।
नहिं तब आदि अंत मध तारा।
नहिं तब अंध धुंध उजियारा।।
नहिं तब भूमि पवन अकासा।
नहिं तब पावक नीर निवासा।।
नहिं तब सरसुति जमुना गंगा।
नहिं तब सागर समुद्र तरंगा।।
नहिं तब पाप पुन्न बेद पुराना।
नहिं तब भये कतेब कुराना।।
कहैं कबीर बिचार के
तब कुछ किरया नाहिँ।
परम पुरुष तहँ आपही
अगम अगोचर माहिं।।
करता कछू खावै नहिं पीवै।
करता कबहूँ मरै न जीवै।।
करताके कुछ रूप न रेखा।
करताके कुछ बरण न भेखा।।
जाके जात गोत कछु नाहीं।।
महिमा बरनि न जाय मो पाँही।।
रूप अरूप नहीं तेहि नाँव।
वर्ण अवर्ण नहीं तेहि ठाँव।। (238)

IN the beginning was He alone, sufficient unto Himself: the formless, colourless, and unconditioned Being.

Then was there neither beginning, middle, nor end;

Then were no eyes, no darkness, no light;

Then were no ground, air, nor sky, no fire, water,' nor earth; no rivers like the Ganges and the Jumna, no seas, oceans, and waves.

Then was neither vice uor virtue; scriptures there were not, as the Vedas and Puranas, nor as the Koran.

Kabir ponders in his mind and says: ' Then was there no activity: the Supreme Being remained merged in the unknOwn depths of His own self.'

The Guru neither eats nor drinks; neither lives nor dies :

Neither has He form, line, colour, nor vesture.

He who has neither caste nor clan nor anything else—how may I describe His glory?

He has neither form nor formlessness,

He has no name,

He has neither colour nor colourlessness,

He has no dwellingplace.

प्रारंभ में वह अकेले अपने आप था। निराकार, निर्गुण, निर्जीव स्वरूप में। तब न (उसका) आदि, अंत, मध्य था और न तारे थे, न अंधेरा, धुंध या उजाला था। तब न भूमि थी, न पवन, न आकाश था और न पावक, न नीर (न जीव) का निवास था। तब न सरस्वती, न यमुना, न गंगा थी, न सागर–समुद्र की तरंगे थीं। तब न पाप–पुण्य, वेद–पुराण थे और न ही तब किताब–कुरान थी। कबीर विचार कर कहते हैं, तब कोई क्रिया नहीं थी, परम पुरुष स्वयं अगम–अगोचर में समाहित थे। कर्ता कुछ खाते–पीते नहीं हैं, कभी मरते–जीते नहीं हैं। कर्ता के न कोई रूप है न रेखा (चिन्ह), न उनका कोई वर्ण है और न वेष है। जिसके कोई जाति–गोत्र नहीं है, उसकी महिमा का वर्णन मुझसे नहीं किया जाता। न उसके कोई रूप है और न ही वह अरूप है न उसका कोई नाम है। उसके न वर्ण है और न वह अवर्ण है न उसका कोई ठौर–ठिकाना है।

|| 82 ||

कहैं कबीर बिचारके
जाके वर्ण न गाँव।
निराकार और निर्गुना
है पूरण सब ठाँव।।

करता आनंद खेल लाई।
औंकारते सृष्टि उपाई।।
आनंद धरती आनंद अकास।
आनंद चंद सूर परकास।।
आनंद आदि अंत मध तारा।
आनंद अंधकूप उजियारा।।
आनंद सागर समुद्र तरंगा।
आनंद सरसुति जमुना गंगा।।

करता एक और सब खेल।
मरण जनम बिरह मेल।।
खेल जल थल सकल जहाना।
खेल जानों जमी असमाना।।

खेलका यह सकल पसारा।
खेल माहिं रहै संसारा।।
कहैं कबीर सब खेलनमाहीं।
खेलनहारको चिन्हैं नाहीं।। (239)

KABIR ponders and says : ' He who has neither caste nor country, who is formless and without quality, fills all space.'

The Creator brought into being the Game of Joy: and from the word Om the Creation sprang.

The earth is His joy; His joy is the sky;

His joy is the flashing of the sun and the moon;

His joy is the beginning, the middle, and the end;

His joy is eyes, darkness, and light.

Oceans and waves are His joy: His joy the Sarasvati, the Jumna, and the Ganges.

The Guru is One: and life and death, union and separation, are all His plays of joy!

His play the land and water, the whole universe !

His play the earth and the sky!

In play is the Creation spread out, in play it is established. The whole world, says Kabir, rests in His play, 'yet still the Player remains unknown.

कबीर विचारपूर्वक कह रहे हैं, जिसके न वर्ण है, न गाँव है, वह निराकार और निर्गुण समस्त स्थान को पूर्ण किए हुए हैं। कर्ता आनंद का खेल लाये हैं, ओंकार से उन्होंने सृष्टि उत्पन्न की है। धरती, आकाश, चंद्र–सूर्य का प्रकाश सभी आनंद से परिपूर्ण हैं। आदि, अन्त, मध्य सब आनंद से परिपूर्ण है। आनंद के अंधकूप में भी उजाला है। आनंद सागर–समुद्र की तरंगों में है। सरस्वती, जमुना, गंगा सर्वत्र आनंद कर्ता एक ही है और बाकी सब जन्म, मरण, विरह, मिलन सब उसका खेल है। यह खेल जल, थल, समस्त संसार में है। इस खेल को जमीन आसमान सब जगह समझो। यह समस्त प्रसार (कर्ता के) खेल का ही है, खेल में संसार की स्थिति है। कबीर कहते हैं सब कुछ खेल में ही है, (लेकिन) लोग खेलने वाले को नहीं पहचानते।

|| 83 ||

झी झी जंतर बाजै।
कर चरण बिहुना नाचै।।
कर बिनु बाजै सुनै श्रवण बिनु
श्रवण श्रोता लोई।

पाटन सुबास सभा बिनु अवसर
बुझौ मुनि जन सोई।। (246)

THE harp gives forth murmurous music; and the dance goes on without hands and feet.

It is played without fingers, it is heard without ears: for He is the ear, and He is the listener.

The gate is locked, but within there is fragrance: and there the meeting is seen of none.

The wise shall understand it.

झी–झी करके यंत्र बज रहा है। हाथ और चरण के बिना ही नृत्य हो रहा है। कर के बिना बाद्य बजता है, श्रवण के बिना सुनता है। श्रवण भी वही है और श्रोता भी वही है। पट के भीतर सुगंध है तथा बिना किसी अवसर के सभा का आयोजन होता है। इसे मुनिजन ही समझेंगे।

|| 84 ||

मोर फकिरवा मांगि जाय
मैं तो देखहु न पौल्यौं।।
मंगनसे क्या मांगिये
बिना मांगे जो देय।
कहैं कबीर मैं हौ वाहीको
होनी होय सो होय।। (248)

THE Beggar goes abegging, but I could not even catch sight of Him.

And what shall I beg of the Beggar? He gives without my asking.

Kabir says: 'I am His own: now let that befall which may befall!'

मेरा फकीर (मुझसे) न जाने क्या माँग गया, मैं तो उसे देख भी न सकी। माँगने वाले से अब क्या माँगा जाये, जो बिना माँगे ही दे देता है। कबीर कहते हैं, मैं तो उसी का हूँ, अब चाहे जो भी हो।

।। 85 ।।

नैहरसे जियरा फाटरे।
नैहर नगरी जिसकै बिगड़ी
उसका क्या घर बाटरे।
तनिक जियरवा मोर न लागै,
तन मन बहु उचाटरै।।
या नगरीमैं लख दरवाजा
बीच समुन्दर घाटरे।
कैसेकै पार उतरिहौ सजनी
अगम पंथको पाटरे।
अजब तरहका बना तंबूरा
तार लगै मन मातरे।
खूँटि टूटि तार बिलगाना
कोऊ न पूछत बातरे।।
हँस हँस पूछै मातु पितासौं
भोरै सासुर जाबरे।
जो चाहैं सो वोही करिहैं
पत वाहीके हाथरे।।
न्हाय खोर दुलहिन होय बैठी
जोहै पियकी बाटरे।
तनिक घुंघटवा दिखाव सखीरी
आज सोहागकी रातरे।।
कहैं कबीर सुनो भाइ साधो
पिया मिलनकी आसरे।

भोर होत बन्दे याद करोगे
नींद न आवै खाटरे।। (249)

MY heart cries aloud for the house of my lover; the open. road and the shelter of a roof are all one to her who has lost the city of her husband.

My heart finds no joy in anything: my mind and my body are distraught.

His palace has a million gates, but there is a vast ocean between it and me:

How shall I cross it, O friend? for endless is the outstretching of the path.

How wondrously this lyre is wrought! When its strings are rightly strung, it maddens the heart: but when the keys are broken and the strings are loosened, none .regard it more.

I tell my parents with laughter that I must go to my Lord in the morning;

They are angry, for they do not want me to go, and they say: She thinks she has gained such dominion over her husband that she can have whatsoever she wishes; and therefore she is impatient to go to him.'

Dear friend, lift my veil lightly now; for this is the night of love.

Kabir says: Listen to me! My heart is eager to meet my lover: I lie sleepless upon my bed. Remember me early in the Morning!'

नैहर (मायका) से मेरा जी उचाट हो गया। मायके से जिसकी बिगाड़ हो गयी उसके लिए घर क्या और बाट क्या? मेरा जी थोड़ा भी नहीं लगता, तन–मन दोनों ही व्याकुल हैं। इस नगरी में लाखों दरवाजे हैं, बीच में समुद्र का घाट है। सजनी उस पार कैसे उतरेगी, क्योंकि घाट अगम पंथ का है। तंबूरा (देह) अजब तरह का बना है, उसमें मन को मत्त करने वाले तार लगे हैं। उसकी खूँटी टूट गयी, तार अलग हो गए। कोई कुछ पूछता भी नहीं। हँस–हँसकर (वह) माता–पिता से पूछती है, सबेरे ससुराल चली जाऊँ? अब मेरे लिए जो भी करना हो वही करेंगे, मेरा सम्मान अब उन्हीं के हाथों है। नहा कर, पवित्र होकर वह दुल्हन होकर बैठी और पिया की बाट देखने लगी (आतुर होकर प्रतीक्षा करने लगी)। अरी सखी, तनिक घूँघट तो दिखाओ (उठाओ), आज सुहाग की रात है। कबीर कहते हैं, सुनो भाई साधु, प्रिय से मिलन की आशा है। सबेरा होने पर यह याद करना, रात में बिस्तर पर नींद नहीं आई।

।। 86 ।।

जीव मलहमैं सिव पहुनवा
कँहा करत उनमाद रे।
पँहुचा देवा करिले सेवा
रैन चली आवत रे।।
जुगन जुगन करै पतीछन
साहबका दिल लागारे।।
सूझत नाहिं परम–सुख–सागर
बिना प्रेम बैरागरे।।
सरवन सुर बुझि साहबसे
पूरण प्रगटे भागरे।।
कहैं कबीर सुनो भाग हमारा
पाया अचल सोहागरे।। (252)

SERVE your God, who has come into this temple of life!

Do not act the part of a madman, for the night is thickening fast.

He has awaited me fir countless ages, for love of me He has lost His heart:

Yet I did not know the bliss that was so near to me, for my love was not yet awake.

But now, my Lover, has made known to me the meaning of the note that struck my ear:

Now, my good fortune is come.

Kabir says: Behold! how great is my good fortune! I have received the unending caress of my Beloved!'

जीव–महल में शिव (मंगलस्वरूप) पाहुने आए हैं, उन्मादित होकर कहाँ भटक रहे हो। देवता (मंदिर में) पहुँच गए हैं, उनकी सेवा कर लो, नहीं तो रात (अज्ञान का अंधेरा) आने वाली है। युग–युग से भी प्रतीक्षा वे कर रहे हैं, साहब (प्रभु) का दिल मुझसे लग गया है। प्रेम–वैराग्य के बिना परम–सुख–सागर दिखाई नहीं पड़ता। कानों में (प्रेम का) जो सुर बज रहा था, उसे साहब से समझ लिया। कबीर कहते हैं सुनो, मेरा कैसा भाग्य है, मैंने (प्रिय से) अचल सुहाग प्राप्त किया है।

|| 87 ||

गगन घटा घहरानी साधो
गगन घटा घहरानी
पूरब दिससे उठीहै बदरिया
रिमझिम बरसत पानी।
आपन आपन मेड़ सम्हारो

बह्यो जात यह पानी।
सुरत निरत का बेल नहायन
करै खेत निर्ब्बानी।
धान काट मार घर आवै
सोई कुसल किसानी
दोनों थार बराबर परसे
जेवैं मुनि और ज्ञानी। (53)

CLOUDS thicken in the sky! O, listen to the deep voice of their roaring;

The rain comes from the east with its monotonous murmur.

Take care of the fences and boundaries of your fields, lest the rains overflow them;

Prepare the soil of deliverance, and let the creepers of love and renunciation be soaked in this shower.

It is the prudent farmer who will bring his harvest home; he shall fill both his vessels, and feed both the wise men and the saints.

साधु, आज गगन में घनघोर घटा (व्याप्त) है। पूर्व दिशा से बादल उठे हैं, रिमझिम पानी बरस रहा है। अपनी–अपनी मेड़ (खेतों के बीच विभाजिका अत्यधिक पानी हो जाने से मेड़ टूट जाती है, खेत का पानी बह जाता है) सँभालो नहीं तो (खेत का) सारा पानी बह जाएगा। सुरति–निरति (प्रेम और वैराग्य) की लता को जलसिक्त करके निर्वाण (मुक्ति) का खेत (क्षेत्र) प्रशस्त करो। धान काट कर जो घर ले आता है वही कुशल किसान है। (प्रेम और वैराग्य की) दोनों थाली में समान रूप से परिवेशन करो, जिससे मुनि और ज्ञानी (तृप्त होकर) भोजन करें।

|| 88 ||

आज दिनके मैं जाउँ बलिहारी।
पीतम साहब आये मेरे पहुना।
घर अंगन लगै सुहौना।।
सब प्यास लगै मंगल गावन।
भये मगन लखि छवि मनभावन।।
चरण पखारूँ बदन निहारूँ।
तन मन धन सब साई पर बारूँ।
जा दिन आये पियाधन सोई।
होत आनन्द परम सुख होई।।
सहिब मिलि मोरि दुर्मति खोई।।
सुरत लगी सत नामकी आसा
कहैं कबीर दासनके दासा।। (266)

THIS day is dear to me above all other days, for today the Beloved Lord is a guest in my house;

My chamber and my courtyard are beautiful with His presence.

Mr longings sing His Name, and they are become lost in His great beauty:

I wash His feet, and I look upon His Face; and I lay before Him as an offering ITV body. my ' mind, and all that I have.

What a day of gladness is that day in which my Beloved, who is my treasure, comes to my house!

All evils fly from my heart when I see my Lord.

'My love has touched Him; my heart is longing for the Name which is Truth.'

Thus, sings Kabir, the servant of all servants.

आज के दिन मैं बलिहारी जाऊँ, मेरे प्रिय साहब, मेरे अतिथि के रूप में आए हैं। घर आँगन सुहाना लग रहा है। मेरी समस्त पिपासा मंगलगान करने लगी, प्रिय के मनभावन रूप को देखकर सभी मगन हो गये। मैं उनके चरण पखारने लगी, उनकी देह को निहारने लगी, मैंने अपना तन, मन, धन सब साईं पर न्योछावर कर दिया। जिस दिन प्रियतम मेरे घर आए, उस दिन से मैं आनंद और परम सुख में निमग्न हूँ। साहब से मिलने के बाद मेरी दुर्गति समाप्त हो गयी। (प्रभु के) दासों के दास कबीर कहते हैं, मैं प्रिय के प्रेम में निमग्न हूँ, मुझे (इस जीवन में) सत्नाम की की आशा है।

|| 89 ||

कोई सुनता है ज्ञानी राग गगन मैं,
अवाज होती पीनी।
सब घट पूरण पूर रहा है,
सब सूरनके खानी।।
जो तन पाया खंड देखाया,
तृष्णा नहीँ बुझानी।
अमृत छोड़ खंड रस चाखा
तृष्णा ताप तपानी।
ओ अंग सो अंग बाजा बाजे
सुरत निरत समानी।
कहैँ कबीर सुनो भाइ साधो
यही आदकी बाणी।। (74)

Is there any wise man wha will listen to that solemn music which arises in the sky?

For, He, the Source of all music, makes all vessels full fraught, and rests in fullness Himself.

He who is in the body is ever athirst, for he pursues that which is in part:

But ever there wells forth deeper and deeper the sound He is this—this is He'; fusing love and renunciation into one.

Kabir says: ' O brother! that is the Primal Word.'

कोई है ऐसा ज्ञानी जो गगन में बजते गम्भीर राग को सुनता हो? वह राग सुरों की खान है जो समस्त घर को परिपूर्ण कर रहा है। जिसने भी यह तन पाया है उसने खण्ड (अपरिपूर्ण) दिखाया, उससे तृष्णा नहींबुझी। अमृत को छोड़कर खांड का रस चख रहे हो, इससे तृष्णा का ताप और भी तप्त करेगा। उनके नाम का बाजा बज रहा है। इससे सुरत (प्रेम) और निरत (वैराग्य) का समन्वय हो गया। कबीर कहते हैं, सुनो भाई साधु, यही आदि वाणी है।

।। 90 ।।

मैं कासे बूझौँ,
अपने पियकी बातरी,
कहैं कबीर,
बिछुड़ नहिं मिलीहो,
ज्यौँ तरबर छोड़ बनधमरी।। (80)

To whom shall I go to learn about my Beloved?

Kabir says: As you never may find the forest if you ignore the tree; so He may never be found in abstractions.'

मैं अपने प्रिय की बात किससे समझूँ। कबीर कहते हैं, तरुवर को छोड़कर जैसे वन को नहीं पाया जा सकता, उसी प्रकार (परिपूर्ण संसार, समाज से) बिछुड़ कर (एकाकी) मिलन नहीं हो सकता।

|| 91 ||

संसकिरित भाषा पढ़ि लीन्हा
ज्ञानी लोग कहोरी।
आसा तृस्नामैं बहि गयो सजनी
कामके ताप सहोरी।।
मान मनीकी मटुकी सिर पर
नाहक बोझ मरोरी।
मटुकी पटक मिलो प्रीतमसे
साहेब कबीर कहोरी।। (199)

I HAVE learned the Sanskrit language, so let all men call me wise:

But where is the use of this, when I am floating adrift, and parched with thirst, and burning with the heat of desire,?

To no purpose do you bear on your head this load of pride and vanity.

Kabir says: Lay it down in the dust and go forth to meet the Beloved. Address Him as your Lord.'

मैंने संस्कृत भाषा पढ़ ली, अब लोग मुझे ज्ञानी कहेंगे। आशा, तृष्णा में जीवन बह गया सजनी, अब काम का ताप सह रही हूँ। सिर पर मान–अभिमान की मटकी रखकर नाहक बोझ से मर रही हूँ। कबीर कहते हैं, मटकी पटक कर प्रियतम को साहब कह कर उनसे मिलो।

|| 92 ||

चरखा चलै सुरत बिरहिनका
काया नगरी बनी अति सुन्दर
महल बना चेतनका।

सुरत भावरी होत गगनमे
पीढ़ा ज्ञान रतनका।।
मिहीन सूत बिरहिन कातैं
माँझा प्रेम भगतिका।
कहैं कबीर सुनो भाइ साधो।।
माला गूथौ दिन रैनका।।
पिया मोर ऐहैं पगा रखिहैं
आँसू भैंट देहौं नैनका।। (261)

THE woman who is parted from her lover spins at the spinning wheel.

The city of the body arises in its beauty; and within it the palace of the mind has been built.

The wheel of love revolves in the sky, and the seat is made of the jewels of knowledge:

What subtle threads the woman weaves, and makes them fine with love and reverence!

Kabir says: 'I am weaving the garland of day and night. When my Lover comes and touches me with His feet, I shall offer Him my tears.'

प्रेमी–विरहिणी का चरखा चल रहा है। काया नगरी अति सुंदर बन पड़ी है, इसमें चेतना का महल बना है। गगन में सुरत (प्रेम) की भाँवरी (विवाह का फेरा) हो रही है, यहाँ ज्ञान रतन का पीढ़ा (विवाह मंडप में बैठने के लिए) है। विरहिणी महीन सूत कात रही है, (इसमें) प्रेम–भक्ति का माँझा है। कबीर कहते हैं, सुनो भाई साधो, (विरहिणी) दिन–रात की माला गूँथ रही है। मेरे पिया आएँगे, पग रखेंगे, मैं अपने नैनों के आँसू उन्हें भेंट में उपहार दूँगी।

|| 93 ||

कोटिन भानु चन्द्र तारागण
छत्रकी छाँह रहाई।
मनमैं मन नैननमैं नैनाँ
मन नैना इक हो जाई।।
सुरत सोहागिन मिलत पियाको
तनकै तपन बुझाई।
कहैं कबीर मिले प्रेम पूरा
पियामैं सुरत मिलाई।। (262)

BENEATH the great umbrella of my King millions of suns and moons and stars are shining!

He is the Mind within my mind: He is the Eye within mine eye.

Ah, could my mind and eyes be one! Could my love 'but reach to my Lover! Could but the fiery heat of my heart be cooled!

Kabir says: When you unite love with the Lover, then you have love's perfection.'

करोड़ों सूर्य, चंद्र एवं तारागण उनकी छत्रछाया में शोभायमान हैं। मन में मन, नयनों में नयन मिलाकर मन और नयन एक हो जाएँगे। (ऐसा हो जाने पर) सुरत (प्रेम) सुहागिनी अपने प्रिय से मिलकर तन की तपन को शांत करेगी। कबीर कहते हैं, प्रिय में सुरत को मिला देने पर संपूर्ण प्रेम की प्राप्ति होती है।

|| 94 ||

अबधू बेगम देस हमारा।।
राजा रंक फकीर बादशा,
सबसे कहौं पुकारा।
जो तुम चाहो परम पदे को,

बसिहो देस हमारा।।
जो तुम आये झीने होके
तजो मनकी भारा।
ऐसी रहन रहोरे प्यारे,
सहज उतर जाव पारा।।
धरन अकास गगन कुछ नाहिँ,
नहीँ चंद्र नहीं तारा।
सत्त धर्म्मकी हैँ महताबे,
साहबके दरबारा।।
कहैँ कबीर सुनो हो प्यारे,
सत्त धर्म्म है सारा।। (67)

O SADHU ! my land is a sorrowless land.

I cry aloud to all, to the king and the beggar, the emperor and the fakir—

Whosoever seeks for shelter in the Highest, let all come and settle in my land!

Let the weary come and lay his burdens here!

So live ,here, my brother, that you may crosswith ease to that other shore.

It is a land without earth or sky, without moon or stars;

For only the radiance of Truth shines in my Lord's Durbar.

Kabir says: O beloved brother! naught is essential save Truth.'

अवधू, हमारा देश बेगम देश (दुःखहीन–बेगमपुर) है। राजा, रंक, फकीर, बादशाह सबसे मैं पुकार कर कहता हूँ। जो तुम परम पद चाहते हो तो हमारे देश में बसो। यदि तुम झीने (हल्के–फुल्के, पारदर्शी, अहंकारहीन) होकर आये हो तो मन के समस्त भार का त्याग कर दो। ऐसी रहन

(जीवनचर्या) रहो जिससे सहज ही पार उतर जाओ। यहाँ धरती, आकाश, गगन कुछ भी नहीं है, न चन्द्र है, न तारे हैं। यहाँ साहब के दरबार में सत्य धर्म की महताब (ज्योति, दीप्ति, चाँदनी) है। कबीर कहते हैं, हे प्यारे सुनो, यहाँ सत्यधर्म का साार है।

|| 95 ||

साँईं के संग सासुर आई।।
संग न रही स्वाद न जानौ
गयो जोबन सुपनेकि नाँई।
सखी सहेली मंगल गावैं,
दुख सुख माथे हरदी चढ़ाई।।
भयो विवाह चली बिन दूलह
बाट जात समधी समझाई।
कहैं कबीर हम गवने जैबे
तरब कन्त लै तूर बजाई।। (81)

I CAME with my Lord to my Lord's home: but I lived not with Him and I tasted Him not and my youth paSsed away like a dream.

On my wedding night my women-friends sang in chorus, and I was anointed with the unguents of pleasure and pain:

But when the ceremony was over, I left my Lord and came away, and my kinsman tried to console me upon the road.

Kabir says: ' I shall go to my Lord's house with my love at my side; then shall I sound the trumpet of triumph!'

स्वामी के साथ ससुराल आयी, लेकिन उनके संग न रही, (प्रेम का) स्वाद नहीं जाना, मेरा यौवन सपने की भाँति चला गया। सखी–सहेलियाँ मंगल गान करती हैं, माथे पर दुःख–सुख की हल्दी लगाती हैं। विवाह हो गया, बिना दूलहे के ही मैं चली आयी। रास्ते मे संबंधियों ने समझाया। कबीर

(जीवात्मा) कहते हैं, मैं गौने (द्विरागमन) में (प्रिय के यहाँ) जाउँगी, कंत के साथ तूर्य बजाकर तर (मुक्ति) जाऊँगी।

॥ 96 ॥

समुझ देख मन मीत पियरवा
आसिक होकर सोना क्यारे।
पाया हो तो देले प्यारे
पाय पाय फिर खोना क्यारे॥
जब अँखियन में निन्द घनेरी
तकिया और बिछौना क्यारे
कहैं कबीर प्रेम का मारग
सिर देना तो रोना क्यारे॥ (56)

O FRIEND, dear heart of mine, think well! if you love indeed, then why do you sleep?

If you have found Him, then give yourself utterly, and take Him to you.

Why do you lose Him again and again?

If the deep sleep of rest has come to your eyes, why waste your time making the bed and arranging the pillows?

Kabir says: I tell, you the ways of love! Even though the head itself must be given, why should you weep over it?'

हे प्यारे मनमीत, आशिक (प्रेमी) होकर सोते क्यों हो! यदि (कुछ) पाया हो तो उसे दूसरों को भी दो, पा कर के (मूल तत्व) कैसे खो सकते हो! जब आँखों में गहरी नींद हो तो तकिया और बिछौने की क्या जरूरत है! कबीर कहते हैं, प्रेम के मार्ग में सिर दिया है तो (फिर) रोते क्यों हो!

|| 97 ||

साहब हममैं साहब तुममैं
जैसे प्राणा बीज में।
मत कर बन्दा गुमान दिलमैं
खोज देखले तनमैं ।।
कोटि सूर जहँ करते झिलमिल
नील सिंध सोहै गगन में।
सब ताप मिट जायँ देही कै
निर्मल होई बैठी जगमैं ।।
अनहद घंटा बजै मृदंगा
तन सुख लेहि पियारमैं ।
बिन पानी लागी जहँ बरषा
मोती देख नदीनमैं ।।
इक प्रेम ब्रह्मण्ड छाय रह्यौ है
समझै बिर्ले पूरा।
अन्धा भेदी कहा समझैंगे
ज्ञानके घर है दूरा।।
बड़ो भाग अलमस्त रंगमैं ।
कबिरा बोलै घटमैं ।
हंस निवारन दुःख निवारन
आवागमन मिटे छिनमैं ।। (157)

THE Lord is in me, the Lord is in you, as life is in every seed. O servant! put false pride away, and Seek for Him within you.

A million suns are ablaze with light,

The sea of blue Spreads in the sky, The fever of life is stilled, and all stains are washed away; when 'T sit in the midst of that world.

Hark to the unstruck bells and drums! Take your delight in love!

Rains pour down without water, and the rivers are ,streams of light.

One Love it is that pervades the whole world, few there are who know it fully:

They are blind who hope to see it by the light of reason, that reason which is the cause of separation-

The House House of Reason is very far away!

How blessed is Kabir, that amidst this great joy he sings within his own vessel.

It is the music of the meeting of soul with soul;

It is the music of the forgetting of sorrows;

It is the music that transcends all coming in and all going forth.

स्वामी मुझमें हैं, स्वामी तुममें है, जैसे बीज से प्राण होता है। अरे बंदे (सेवक), दिल में गुमान (गर्व) न कर, अपने भीतर उसे खोज जहाँ करोड़ों सूर्य झिलमिल कर रहे हैं, गगन में नील सिंधु शोभा पा रहा है। देह का सारा ताप मिट जायेगा और जगत् नें निर्मल होकर बैठोगे। अनहद (असीम) का घंटा और मृदंग बजेंगे, तब प्रभु के प्रेम में तन का सुख प्राप्त होगा। बिना पानी के ही जहाँ वर्षा (की झड़ी) लगी है, नदी में ज्योति की धारा प्रवाहित हो रही है। एक (ही) प्रेन संपूर्ण ब्रह्मांड में छाया हुआ है, कोई परिपूर्ण बिरला ही इसे समझ सकता है। भेदवादी कोई अंधा कैसे समझेगा, वह तो ज्ञान के घर से दूर है। कबीर भाग्यवान है जो इस क्रिड़ा में अलमस्त (मतवाला) होकर अपने घट में ही आनंद का उपभोग कर रहा है, जिससे हंस (जीव) का उद्धार होता है, दुख का निवारण होता है और क्षण मात्र में आवागमन से मुक्ति मिल जाती है।

|| 98 ||

ऋतु फागुन नियरानी
कोई पियासे मिलावे।
पियाको रूप कँहा लग बरनूँ
रूपहि माहिँ समानी।
जो रंग रंगे सकल छबि छाके
तन मन सभी भुलानी।।
जौं मत जाने यहि रे फाग है
यह कुछ अकथ कहानी।
कहैं कबीर सुनो भाई साधो
यह गत बिरले जानी।। (162)

THE month of March draws near: ah, who will unite me to my Lover?

How shall I find words for the beauty of my Beloved? For He is merged in all beauty.

His colour is in all the pictures of the world, and it bewitches the body and the mind.

Those who know this, know what is this unutterable play of the Spring.

Kabir says: ' Listen to me, brother! there are not many who have found this out.'

फागुन (बसंत) की ऋतु निकट आ गयी, कोई तो मुझे प्रिय से मिला दे। प्रिय के रूप का वर्णन कहाँ तक करूँ, वे रूप के मध्य ही समाये हुए हैं। (विश्व की) सकल छवि में छा कर मेरे प्रिय समस्त रंगों में रंगे हुए हैं। सभी तन–मन से (उस शोभा में) भूले रहते हैं। जो इस मत (विचार) को जान लेता है उसके लिए यह फागुन (की ऋतु) है। यह अकथ कथा है। कबीर कहते हैं, सुनो भाई साधु, इस स्थिति को कोई विरला (ज्ञानी) ही जान सकता है।

|| 99 ||

नारद प्यार सो अंतर नाही।।
प्यार जागै तौहि जागूँ
प्यार सोवे तब सौंऊ
जो कोई मेरे प्यार दुखावै
जड़ा मूल सो खौंऊ।।
जहाँ मेरा प्यार जस गावै
तहाँ करौं मैं बासा
प्यार चले आगे उठ धाऊ
मोहि प्यार की आसा।।
बेहद्द तीरथ प्यार के चरनन
कोट भक्त समाय।
कहैं कबीर प्रेम की महिमा
प्यार देत बुझाय।। (172)

O NARAD ! I know that my Lover cannot be far:

When my Lover wakes, I wake; when He sleeps, I sleep.

He is destroyed at the root who gives pain to my Beloved.

Where they sing His praise, there I live;

When He moves, I walk before Him: my heart yearns for my Beloved.

The infinite pilgrimage lies at His feet, a million devotees are seated there.

Kabir says: ' The Lover Himself reveals the glory of true love.'

हे नारद, मेरा वह प्रियतम तो दूर नहीं है। मेरा प्रिय जगता है तभी मैं जगती हूँ, प्रिय सोता है तब मैं सोती हूँ। यदि कोई मेरे प्यार को दुःख देता

है तो जड़–मूल से खो देती हूँ (विनष्ट कर देती हूँ)। जहाँ मेरे प्यार का यशगान होता है, वहाँ मैं निवास करती हूँ। प्रिय के चलने पर तो उनके आगे उठकर दौड़ पड़ती हूँ, मुझे अपने अपने प्रिय से बहुत आशा है। बेहद (असीम) तीर्थ मेरे प्रिय के चरणों में हैं– वहाँ करोड़ों भक्त समाहित हैं। कबीर कहते हैं, प्रेम की महिमा को प्रिय स्वयं समझा देते हैं।

|| 100 ||

कोइ प्रेमकी पेंग झुलाओ।।
भुजके खंभ और प्रेम के रस से
तन मन आज झुलाओ।
नैनन बादर की झर लाओ
श्याम घटा उर छाओरे।।
आवत आवत श्रुतकी राह पर
फिकर पियाको सुनाओरे
कहत कबीर सुनो भाइ साधो
पियाको ध्यान चित लाओरे।। (180)

HANG up the swing of love today!

Hang the body and the mind between the arms of the Beloved, in the ecstasy of love's joy:

Bring the tearful streams Of the rainy clouds to your eyes, and cover ycur heart with the shadow of darkness:

Bring your face nearer to His ear, and speak of the deepest longings of your heart.

Kabir says: ' Listen to me, brother! bring the vision of the Beloved in your heart.'

कोई तो मुझे प्रेम के झूले पर झूलाओ। बाहों के खंभे और प्रेम के रस से मेरे तन–मन को झुलाओ। (मेरे) नयनों में बादल की झड़ी लगा दो,

हृदय पर श्याम घटा छा जाए। श्रुति (वेद, शास्त्र–परंपरा) की राह पर चलते–चलते, मुझे प्रिय की चिंता की बात सुनाओ। कबीर कहते हैं, सुनो भाई साधो, प्रिय का ध्यान चित्त में लगाओ।

परिशिष्ट

कुछ और अनुवाद

यह चर्चा हो चुकी है कि 'One Hundred Porms of Kabir' के मूल अनुवादक ब्रह्मचर्याश्रम, शान्तिनिकेतन के अध्यापक अजितकुमार चक्रवर्ती हैं। रवीन्द्रनाथ के संशोधन सहित इंडिया सोसायटी, लंदन द्वारा इसका प्रकाशन (दिसम्बर, 1914) हुआ। अनुवादक के रूप में रवीन्द्रनाथ टैगोर और सहायक अनुवादक के रूप में इवलिन इंडरहिल का उल्लेख था। विश्वभारती के रवीन्द्रभवन अभिलेखागार में इसकी पांडुलिपि संरक्षित है जो विलियम पियर्सन के हस्तलेख में है। पियर्सन ने भी कहीं–कहीं अपने 'स्थूल' हाथों से पांडुलिपि में हस्तक्षेप किया है। रवीन्द्रभवन की पत्रिका 'रवीन्द्रवीक्षा'–10 (दिसम्बर, 1983) में ऐसे तेरह पदों को अंग्रेजी अनुवाद, मूल पाठ और बांग्ला अनुवाद (क्षि.से. के 'कबीर' से) के साथ प्रकाशित किया गया जो "One Hundred Poems of Kabir' में या कहीं अन्यत्र प्रकाशित नहीं हैं। यहाँ ये तेरह पद (रवीन्द्रकृत संशोधन) मूल पाठ और हिन्दी अनुवाद सहित दिये जा रहे हैं। मूल पाठ क्षितिमोहन सेन के 'कबीर' (वाणी प्रकाशन, दिल्ली) से लिए गए हैं :

(1)

अंग्रेजी अनुवाद :

Wake, O wake, partaker of my love's caressings! Why do you sleep in forgetfulness? Arise and begin your worship. Lovely sounds are springing forth like music from your body, listen to them with all your heart : Fold your hands and bow your head to his feet and crave for a boon, an unchanging devotion.'

(पांडुलिपि क्रम संख्या 10)

मूल पाठ :

जागरी मेरी सुरत सोहागिन जागरी।
क्या तुम सोवत मोह नींद में,
उठके भजनिया में लागरी।
चितसे शब्द सुनो सर्वन दे,
उठत मधुर धुन रागरी।
दोउ कर जोर सीस चरनन दे,
भक्ति अचल बर माँगरी।।

('कबीर' पद संख्या 86)

हिन्दी अनुवाद :

जागो, अरे मेरी प्रेम सुहागिनी जागो। तुम मोहनिद्रा में क्यों सोई हुई हो? उठकर भजन में लगो। मधुर ध्वनि की रागिनी उठ रही है–चित्त लगाकर इसे सुनो। दोनों हाथ जोड़कर उनके चरणों में सीस नवा कर अचल भक्ति का वरदान माँगो।

(2)

अंग्रेजी अनुवाद :

There is one spirit in all, O Sadhu.

Leaving him aside, everything is false like the reflection seen in a mirror.

As the wave rises in water and loses itself in water.

(पांडुलिपि क्रम संख्या 58)

मूल पाठ :

साधो एक आप सब आहीँ।।
दूजा करम भरम है कृर्तृम,
ज्योँ दर्पण मेँ छाहीँ।
जल तरंग जिमि जलते उपजै,
फिर जल माहि रहाइ

(वही, पद संख्या 70)

हिन्दी अनुवाद :

साधु, एक ही आत्मा सबमें है। इसके अतिरिक्त दर्पण में दिखायी पड़ने वाले प्रतिबिम्ब की तरह उसी प्रकार से मिथ्या है जैसे लहर की उत्पत्ति जल से ही होती है और जल में ही उसका लय हो जाता है।

(3)

अंग्रेजी अनुवाद :

That one form exists in the world.

He is the Guru to initiate and he is the disciple to receive the true teaching.

He is the only Guru in all pathways of life.

(पांडुलिपि क्रम संख्या 51)

मूल पाठ :

साधो एक रूप जगमाहीँ।
आपै गुरु होय मंत्र देतहैँ,
सिख होय सबै सुनाहीँ।

जो जस गहै लहैतस मारग,
तिनके सतगुर आहीँ
शब्द पुकार सत्यमय भाषै
अन्तर रातै नाहीँ।

कहें कबीर ज्ञान जेहि निर्मल
खण्ड अखण्ड लखाँही।

(वही, पद संख्या 71)

हिन्दी अनुवाद :

साधु, जगत में उसका एक ही रूप है। वह स्वयं गुरु होकर मंत्र देता है और स्वयं ही शिष्य बनकर सब कुछ सुनता है। जो जैसा ग्रहण करता है वैसा ही मार्ग प्राप्त करता है– उसके लिए सत्‌गुरु सर्वत्र विद्यमान रहते हैं। शब्द की पुकार से सत्यमय घोषणा करते हैं, उन्होंने किसी प्रकार का

भेदभाव नहीं रखा। कबीर कहते हैं, ज्ञान जहाँ निर्मल है वहाँ खण्ड में भी अखण्ड दिखायी पड़ता है।

(4)

अंग्रेजी अनुवादः

The night has worn away, the morning breaks. O dear one, sing his name with all your heart.

The blossoms opened into the whole sky, drops of nectar fell on them and now they have borne immortal fruits.

(पांडुलिय क्रम संख्या 54)

मूल पाठ :

हिलमिल मंगल गाओ मेरी सजनी।
भइ प्रभात बीत गई रजनी।।
अधर निरन्तर फूली फुलवारी।
अभी सींच अमृत फललागा।।

(वहीं, पद संख्या 88)

हिन्दी अनुवाद :

मेरी सजनी, हिलमिल कर मंगल गीत गाओ। प्रभात हो गया, रजनी बीत गयी। फुलवारी निरन्तर पुष्पित हो रही है। अमृत के सिंचन से (पौधों पर) अमृत फल ही लग रहे हैं।

(5)

अंग्रेजी अनुवाद :

O beloved I travel to see your palace so high.

A million lamps of suns and moons shed light still

I loose my way.

(पांडुलिपि क्रम संख्या 55)

मूल पाठ :

पिया ऊँचीरे अटरिया तोरी देखन चली ?
चाँद सूरज कोटि दियना बरतु है,
ताबिच भूली डगरिया।

(वहीं, पद संख्या 94)

हिन्दी अनुवाद :

हे प्रिय, तुम्हारी ऊँची अटारी (अट्टालिका) मैं देखने चली। वहाँ चंद्र और सूर्य के करोड़ों दीपक जल रहे हैं। अमृत के सिंचन से (पौधों पर) अमृत फल ही लग रहे हैं।

(6)

अंग्रेजी अनुवाद :

The path is endless, the rain falls without clouds, the lightning trembles in flashes and the beauty fills the eye with wonder. The unstruch music sounds there without ceasing. Ah who sings there and what are his tunes.

(पांडुलिपि क्रम संख्या 60)

मूल पाठ :

अगम पथे जँह,
बिना मेह झर लावसरे।
दामिनी दमकत अमृत बरसत
अजब रंग दरसावसरे।
बिन सरहद अनहद जहँ बाजे
कौन सूर जँह गावसरे।

(वही, पद संख्या 89)

हिन्दी अनुवादः

पथ जहाँ अगम है, बिना मेघ के ही जहाँ पानी बरसता है, बिजली चमकती है, अमृत की बारिस होती है, जहाँ अजब शोभा दिखाई पड़ती है।

वहाँ बिना सरहद (असीम) के अनहद नाद बज रहा है और न जाने किस सुर में कोई गा रहा है।

(7)

अंग्रेजी अनुवाद :

Not for a moment have you come face to face with the World. With falsehood you are weaving your bondage, your words are full of deception. The load of desires you hold on your head, how will you be light? Kabir says 'Keep within you truth, detachment and love."

(पांडुलिपि क्रम संख्या 69)

मूल पाठ :

जगतसैँ खबर नहीँ पल की।।
झूठ कपट करि बन्ध जोरिम
बात करैं छलकी।
काम की पोट धरे सिर ऊपर
किस विधि होय हलकी।।
ज्ञान बैराग प्रेम मन राखो
कहैँ कबीरा दिल की।

(वही, पद संख्या 30)

हिन्दी अनुवाद :

एक पल के लिए भी जगत से तुम्हारा परिचय नहीं हुआ। झूठ और कपट के द्वारा तुमने अपना बंधन बाँध लिया है, छल (पूर्ण) बातें करते हो। अपने सिर पर तुमने कामना की पोटली चढ़ा ली है– इसका बोझ कैसे हल्का होगा? कबीर अपने दिल की बात कह रहे हैं–अपने मन में (सर्वदा) ज्ञान, वैराग्य और प्रेम की बात रखो।

(8)

अंग्रेजी अनुवाद :

He is wise whose heart never slips from love.

You are staying at the wayside inn where everyone is a stranger to you.

Now morning breaks so come to the Durbar where you will know everyone.

(पांडुलिपि क्रम संख्या 70)

मूल पाठ :

प्रेम लगन छूटै नँही
सोइ साधु समाना हो।
क्या सराय का बासना,
सब लोग बेगाना हो
हुआ भोर चल दरबार मैं,
सन् को पहचानो हो।।

(वही, पद संख्या 29)

हिन्दी अनुवाद :

वही साधु ज्ञानी है जिसकी प्रेम की लगन नहीँ छूटती। किस सराय में रह रहे हो जहाँ सभी अपरिचित हैं? सबेरा हो गया, अब उस दरबार में चलो जहाँ सभी परिचित है।

(9)

अंग्रेजी अनुवादः

For the goddess you have the goat and for the Pirs excellent food. But the great master who sent you here you have nothing for him.

(पॉडुलिपि क्रम संख्या 73)

मूल पाठः

देवीजीको खस्सी भेड़ा
पीरन कौ नौ नेजा।
उन साहबको कुछभी नाहीँ
बाँह पकड़ जिन भेजा।

(वहीं, पद संख्या 19)

हिन्दी अनुवादः

देवीजी के लिए (चढ़ावे में) बकरी–भेड़ है। पीरों के लिए नाना प्रकार के द्रव्य (रखे) हैं, उन साहब के लिए (तुम्हारे पास) कुछ भी नहीं है जिसने हाथ पकड़ कर तुम्हें (इस संसार) में भेजा है।

(10)

अंग्रेजी अनुवाद :

Like the pitcher of water which has a hole, like the leaf which has been torn from a tree, is the man proud of his self who is without love. Know this all of you.

(पाण्डुलिपि क्रम संख्या 85)

मूल पाठ :

घड़ा ज्यों नीरका फूटा।
पत्र ज्यौं डार से टूटा।
बिन प्यार आपा अभिमानी
सब नर जान जिंदगानी।।

(वही, पद संख्या 217)

हिन्दी अनुवाद :

जैसे पानी का घड़ा फूट जाता है, जैसे पत्ता डाल से टूट कर गिर जाता है, वैसे ही बिना प्यार के आत्म–अभिमानी लोगों की जिंदगी होती है– इस बात को सबलोग जानते हैं।

(11)

अंग्रेजी अनुवाद :

Have your play for a few more days at your father's house for you have to go to your husband's home. The gardener is penitent because he plucked the only bud still green from the island garden at the confluence of the Ganges and the Jumna (the true knowledge and the true love.)[2]

(पांडुलिपि क्रम संख्या 86)

मूल पाठः

दिन दस नैहरवा खेलले
निज सासुर जाना हो।।
गंग–जमुन बिच रेतवा
तहँ बाग लगाया हो।
कच्ची कली एक तोड़के
मलिया पछताया हो।

(वही पद संख्या 218)

हिन्दी अनुवाद :

दस दिन नैहर (मायके) में खेल लो, इसके बाद ससुराल (पति के पास) जाना ही है। गंगा–जमुना (ज्ञान और प्रेम) के बीच जो रेत (का द्वीप) है वहाँ बगीचा लगाया गया। लेकिन माली को पछतावा हुआ, क्योंकि उसने एक मात्र कच्ची कली को तोड़ लिया।

(12)

अंग्रेजी अनुवाद :

The stream of the Ganges pierced through the stones of the hills. The hills were flooded with water. The river was lost in the waves.

(पांडुलिपि क्रम संख्या 95)

मूल पाठ :

पाहन फोरि गंग यक निकरी
चहुँ दिसि पानी पानी।
तेहि पानी में पर्ब्बत बूड़े
दरिया लहर समानी।।

(वही, पद संख्या 243)

हिन्दी अनुवाद :

पत्थर को तोड़कर एक गंगा बाहर निकली, चारों तरफ पानी ही पानी हो गया। उस पानी में पर्वत डूग गये, पानी की लहर दरिया में समा गयी।

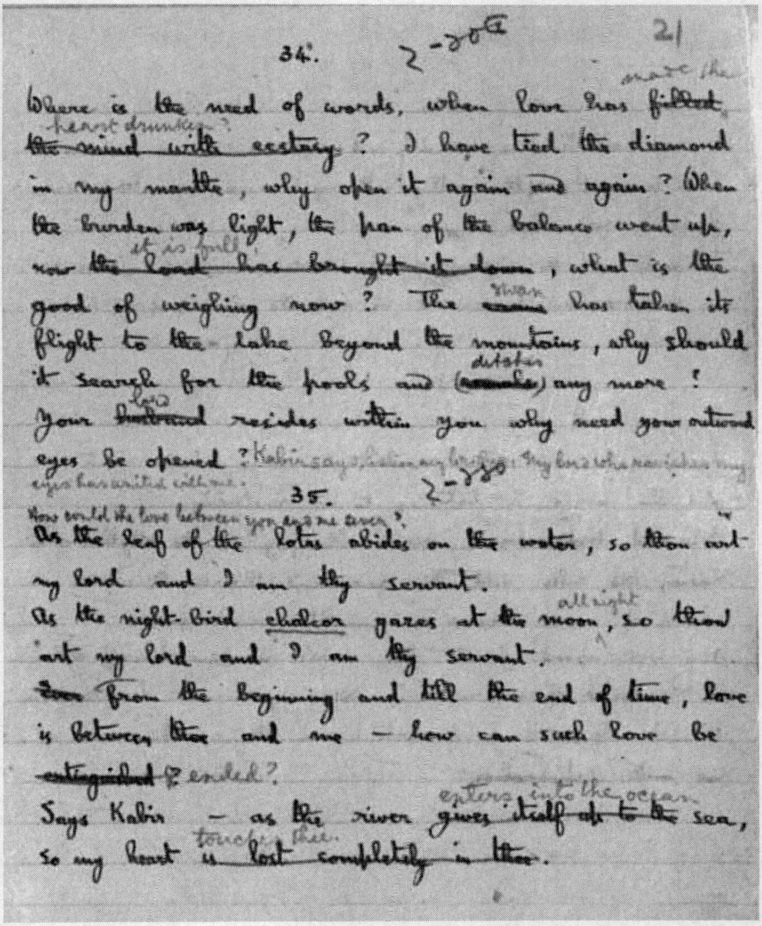

34. २-३०६ 21

Where is the need of words, when love has ~~filled~~ made the heart drunken ~~the mind with ecstasy~~? I have tied the diamond in my mantle, why open it again and again? When the burden was light, the pan of the balance went up, now ~~the load has brought it down~~ it is full, what is the good of weighing now? The ~~swan~~ swan has taken its flight to the lake beyond the mountains, why should it search for the pools and (~~[illegible]~~ ditches) any more! Your ~~beloved~~ Lord resides within you why need your outward eyes be opened? Kabir says, Listen my brother: My Lord who ravishes my eyes has united with me.

35. २-३३०

How could the love between you and me sever?

As the leaf of the lotus abides on the water, so thou art my lord and I am thy servant.

As the night-bird chakor gazes all night at the moon, so thou art my lord and I am thy servant.

~~Even~~ From the beginning and till the end of time, love is between thee and me — how can such love be ~~extinguished~~? ended?

Says Kabir — as the river enters into the ocean ~~gives itself up to the sea~~, so my heart touches thee ~~is lost completely in thee~~.

One hundred poems of Kabir की पांडुलिपि की छायाप्रति विलियम पियर्सन के हस्तलेख में। मूल अनुवाद अजित कुमार चक्रवर्ती द्वारा, रवीन्द्रनाथ ठाकुर कृत संशोधन रवीन्द्र–भवन, विश्वभारती के सौजन्य से।

(13)

अंग्रेजी अनुवाद :

The stream of inmortal life fillows into the caves of the sky which resound with clamourons strains. There is a flood of moonshine but no moon is seen. Colours are rife and beats of rhythm fall above, beneath, around. The immortal Being enjoys them.

Says Kabir–once you are here you are immortal.

(पांडुलिपि क्रम संख्या 103)

मूल पाठ :

इस गगन गुफामैं अमृत झरे।
गगन मध्य इक बाजा बाजै,
रुनक झनक झनकार करै।।
बिन चंदा उजियारी दरसै
जँह तँह राग नजर पड़ै।
दसों दिशा में ताड़ी लागी,
अमृत पुरुष के भोग धरै।।
कहैं कबीर सुनो भाई साधो
अमर होय कबहुँ न मरै।।

(वही, पद संख्या 15)

हिन्दी अनुवाद :

इस गगन गुफा में अमृत झर रहा है। रुनक–झुनक झंकार सहित एक बाजा बज रहा है। जहाँ–जहाँ प्रेम की स्थिति होती है बिना चाँद के ही चाँदनी दिख रही है और अमृत पुरुष के भोग के लिए दसों दिशाएँ गुंजरित हो रही हैं। कबीर कहते हैं, हे साधु सुनो, जो यहाँ अमर हो जाता है, वह कभी मरता नहीं।

सूची–1

(अंग्रेजी अनुवादः वर्णानुक्रम से)

सूची–2

(मूल पाठ : अकारादि क्रम से)

❑❑❑

सूची–1

(अंग्रेजी अनुवादः वर्णानुक्रम से)

सूची–2

(मूल पाठ : अकारादि क्रम से)

❑❑❑